Hay Magia
Dentro De Ti

Reconoce el maestro que eres

Hay Magia Dentro De Ti

Tú eres él único con el poder de cambiar tu mundo

Julieth Pareja Ríos

Nota a los lectores: Esta publicación contiene las opiniones e ideas de su autor. Su intención es ofrecer material útil e informativo sobre el tema tratado. Las estrategias señaladas en este libro pueden no ser apropiadas para todos los individuos y no se garantiza que produzca ningún resultado en particular. Este libro se vende bajo el supuesto de que ni el autor, ni el editor, ni la imprenta se dedican a prestar asesoría o servicios profesionales legales, financieros, de contaduría, psicología u otros. El lector deberá consultar a un profesional capacitado antes de adoptar las sugerencias de este, la integridad de la información o referencias incluidas aquí. Tanto el autor, como el editor, la imprenta y todas las partes implicadas en el diseño de portada y distribución, niegan específicamente cualquier responsabilidad por obligaciones, pérdidas o riesgos, personales o de otro tipo, en que se incurra como consecuencia, directa o indirecta, del uso y aplicación de cualquier contenido del libro.

Este libro no podrá ser reproducido, ni total ni parcialmente, sin previo permiso escrito del autor. Todos los derechos reservados.

Título: *Hay magia dentro de ti*

© 2018, Julieth Pareja Rios

juliethparejarios@gmail.com

Autoedición y Diseño: 2018, Julieth Pareja Rios

Primera edición: julio de 2018

ISBN-13: 978-84-09-02441-4

La publicación de esta obra puede estar sujeta a futuras correcciones y ampliaciones por parte del autor, así como son de su responsabilidad las opiniones que en ella se exponen.

Quedan prohibidas, dentro de los límites establecidos por la ley y bajo las prevenciones legalmente previstas, la reproducción total o parcial de esta obra por cualquier medio o procedimiento, ya sea electrónico o mecánico, el tratamiento informático, el alquiler o cualquier forma de cesión de la obra sin autorización escrita de los titulares de copyright.

«Cuando me amé de verdad, me liberé de todo lo que no me hacía bien: personas, cosas, situaciones y todo lo que me empujaba hacia abajo, y me alejaba de mí mismo. Al principio lo llamé egoísmo sano, pero hoy sé que eso es amor propio.»

Charles Chaplin

Índice

Introducción

1. ¿Quién es Julieth Pareja Rios? 19
2. Diferencia entre religión y espiritualidad 25
3. Aprende a perdonar 35
4. Reconecta con la esencia, con el ser. 43
5. Tranquilidad emocional 51
6. No puedes ayudar a nadie
   que no quiere ser ayudado. 63
7. Nadie puede quererte más que tú mismo. . . . 67
8. No puedes reconocer que eres magia y
   seguir comportándote de la misma manera. . 77
9. No juzgues 83
10. Las críticas 87
11. Sé fiel y sincero con aquello que sientes . . . 91
12. Nadie tiene la verdad absoluta 95
13. No hagas aquello
    que no te gustaría que te hicieran 99

El amor sana

14. ¿Qué es el amor? 107
15. Amor hacia uno mismo 111
16. Amor de pareja 123

17. Miedos internos 131
18. No tengas prisa de volver a enamorarte .. 137
19. El ex 149
20. Cierra puertas del pasado 155
21. Relaciones tóxicas 159
22. La comunicación y el amor 171
23. La magia y los niños. 175
24. Cambia tu vocabulario 181
25. Personas o situaciones puente 187

Agradecimientos

Primero que nada, a Dios, por acompañarme en todo el camino de la vida.

Por poner personas y circunstancias que me han enseñado a creer en mi poder interior y que me han llevado a crear esa vida con la soñaba de pequeña.

A mi hijo, porque cada día que pasa me doy cuenta que los hijos vienen al mundo, no solo a aprender, sino también para ser maestros espirituales para los padres.

A mi madre, hermanos, primas y sobrinos por ayudarme, a lo largo de este camino, y por permitirme poner en práctica, con vosotros, todo lo aprendido.

A mis amigos y a toda esa gente que me conoce, que me ha dado su cariño sincero en este nuevo camino.

Y por último, y no menos importante, a mi mentor, por trasformar mi vida desde el primer día, por creer en mí y en mi potencial, más que yo misma, por ayudar y expandir ese amor incondicional al mundo, que hace que todos nos convirtamos en lo que realmente somos y no en lo que creíamos que éramos.

Gracias por ayudarme a hacer realidad esos sueños que tenía de pequeña y por hacerme ver que en la vida puedes llegar a ser lo que quieras ser.

Os amo.

A ti, amado lector, gracias por permitirme ayudarte a que creas más en ti, porque eso es la base de una vida de plena satisfacción y éxito.

Estoy completamente segura y convencida de que si te amas más que a nadie crearás un mundo diferente al que tienes hoy.

Gracias, gracias y gracias.

Introducción

En el primer libro abrimos la mente para darnos cuenta de que no hay ningún sueño imposible, siempre y cuando tengas fe en ti y en el universo, (Dios, o como prefieras llamarle).

Vimos, también, que es importante saber qué es lo que realmente quieres en la vida, para poder trazar el camino que nos lleva a eso que tanto deseamos.

Hablamos del amor propio y dejamos claro que, para que en tu mundo haya amor, tú tienes que amarte más de lo nadie te puede amar, y también tienes que ser amor. Te dije que es importante que controles tu mente y que sueñes en grande.

En este libro te voy a enseñar que tú eres esa energía, esa energía poderosa que tenemos dentro de nosotros, que es la creadora de materializar milagros.

Todo lo escrito en mis libros se basa en mi experiencia, en la experiencia de conseguir aquello que tanto he soñado.

Aun cuando el camino no sea fácil, pero el grado de satisfacción será multiplicado por cien que el grado de aquello que pasas en el camino.

Y cuando te digo que tienes magia dentro de ti es porque realmente tienes un maestro que está deseando salir a la luz.

Somos seres espirituales, creadores de milagros, todo el mundo puede crear los suyos.

Todo el mundo quiere tener éxito en las tres áreas más importantes de la vida: salud, dinero y amor.

Estas tres áreas están entrelazadas, pero para mí la más importante es el amor, y no te hablo solo de un amor de pareja, porque cuando le hablas a alguien del amor parece que ese es el único que existe.

El amor es lo que está dentro de ti que hace que la llama de tus sueños se encienda y cree milagros.

Si no hay amor para nada en tu vida... Tal vez tengas dinero y salud, pero no seas una persona feliz, y no hablo del amor de pareja, hablo del amor incondicional hacia ti mismo.

El amor está en todo lo que está a tu alrededor, el amor es una sonrisa, un «buenos días», el día cuando llueve, cuando sale el sol, un paisaje hermoso, un hijo o una pareja.

Y en cuanto al amor de pareja, quiero dejarte claro algo que profundizaré en el libro. Si no hay amor propio, no hay pareja o relaciones hermosas que valgan.

Yo crecí en una familia en la que mi padre era algo mujeriego. No conocía parejas maravillosas, ni de éxito, pero eso no me hizo perder la esperanza de una relación extraordinaria.

Como no lo conocía, no sabía si existía o no, pero tenía clarísimo lo que no quería.

Tal vez no sepas que existen relaciones maravillosas, eso no es importante, de momento. Si empiezas con saber lo que no quieres, es más que suficiente para empezar a trabajar en tu amor, en el amor hacia ti mismo. Luego de que tengas eso y aprendas a vivir en amor, entonces, allí, llegará esa persona maravillosa que te ayudará a que tus días sean aun mejores.

Así que, empecemos por lo básico y luego vayamos a esa pareja que queremos.

1. ¿Quién es Julieth Pareja Rios?

Es una persona común, como tú, que ha tenido un sueño de pequeña: ser escritora. Han pasado muchos años y ese sueño fue, poco a poco desvaneciéndose, aunque siempre había una voz interior que, de vez en cuando, lo gritaba.

Con el paso de los años la vida fue dando giros y la fue moldeando para poder llevar a cabo ese sueño. Los sueños no se hacen realidad solos, tienes que trabajar para que se cumplan.

Cuando vi la oportunidad, ni me lo pensé. No sabía cómo lo iba a hacer, pero sabía que no estaba dispuesta a no cumplirlo, porque eso significaba tener una vida de infelicidad.

He tenido que tener mucha fe en mí misma, sin importar mi entorno, ni las circunstancias y gracias a eso este sueño se ha cumplido.

Tengo que decir que a medida que cumples sueños tu mente se va abriendo, lo que hace que cada día sueñes más alto.

Mis libros son una guía para encontrarte a ti mismo, aprender a escucharte o, simplemente, darte cuenta de que somos maestros, capaces de crear milagros.

En mis libros está la esencia de una chica normal que se demostró a sí misma que en la vida no hay imposibles.

Mis libros no son un sueño cumplido, son el principio de una vida diferente a la que hasta ahora he vivido.

De antemano tengo que decirte que, si quieres cumplir un sueño, no será fácil, pero no hay nada imposible.

Porque todo empieza y acaba en ti, siempre y cuando creas que puedes, creas que dentro de ti hay magia, te sientas digno y merecedor de todo lo fantástico que tiene el universo, pero, sobre todo, cuando sabes no conformarte con menos de lo que te mereces.

Desde que era pequeña tuve la inquietud de que había una manera de que mi vida fuera diferente a lo que tenía, no creía en ese dicho que dice «algunos nacen con estrellas y otros estrellados».

Hoy sé, y he podido comprobar, que no es así, venimos a la vida a que nuestra alma evolucione, aprender y, ¿por qué no?, a ser una luz para aquellos que no han tenido el suficiente valor de ser diferentes, aunque su alma se lo pida a gritos.

Somos energía, y gracias a esa energía podemos trasformar nuestro mundo a la manera que queremos.

En mi caso, no solo he aprendido, sino que ahora puedo ser una luz que alumbre el camino de todo aquel que esté dispuesto a escuchar y aplicar lo que desde mi humilde experiencia sé.

Por lo que, deseo de corazón, que en este libro encuentres algo que te llegue al corazón y que te ayude en alguna etapa de tu vida.

Un ciego con luz

Había una vez, hace cientos de años, en una ciudad de oriente, un hombre que, una noche, caminaba por las oscuras calles, llevando una lámpara de aceite encendida.

La ciudad era muy oscura en las noches sin luna, como aquella.

En determinado momento, se encuentra con un amigo, el amigo lo mira y de pronto lo reconoce.

Se da cuenta de que es Manuel, el ciego del pueblo. Entonces, le dice:

—¿Qué haces Manuel, tú, ciego, con una lámpara en la mano? Si tú no ves...

A lo que el ciego le responde:

—Yo no llevo la lámpara para ver mi camino. Yo conozco la oscuridad de las calles de memoria. Llevo la luz para que otros encuentren su camino cuando me vean a mí...

Tal vez tú estás ciego, pero conoces el camino de la oscuridad porque lo has transitado.

Si eso es así, tienes la obligación de alumbrar el camino oscuro de otras personas, simplemente porque tú conoces el camino.

Sería una hermosa satisfacción poder ayudar a otros que están a oscuras, encendiendo tú una lámpara que ilumine su camino.

Si cada uno de nosotros pudiera encender una luz de felicidad, amor o ayuda, el mundo estaría más iluminado.

Todo el mundo tiene situaciones difíciles, pero hay ocasiones en que la gente, en vez de encender luz en su camino, lo hace más oscuro.

Pero recuerda algo muy importante: no se puede ayudar a nadie que no pida ayuda, hay que respetar el libre albedrío de cada uno, porque todo el mundo tiene un proceso, todo el mundo tiene su camino de evolución y, tal vez, la manera en que puedan aprender es dejándolos que ellos decidan cuando quieran que tú les alumbres el camino.

Pero hay mucha gente esperando que tú les enseñes el camino para ellos seguirlo, así que, dedícate simplemente a llevar una lámpara que guía al resto, sin intervenir en su camino con críticas, juicios, odio, etc.

> «Aquello que para la oruga se llama fin del mundo, para el resto del mundo se llama mariposa.»
>
> **Lao-Tse**

2. Diferencia entre religión y espiritualidad

Concepto de religión: Conjunto de creencias religiosas, de normas de comportamiento y de ceremonias de oración o sacrificios, que son propias de un determinado grupo humano y con las que el hombre reconoce la relación con la divinidad (un Dios o varios dioses).

Culto del ser humano hacia una institución establecida por el hombre.

La religión es un conjunto de doctrinas constituidas por un conjunto de principios, creencias y prácticas en torno a cuestiones de tipo existencial, moral y sobrenatural.

Todas las religiones tienen, en las bases, fundamentos en diversas corrientes filosóficas que intentan explicar quiénes somos y por qué hemos venido al mundo.

Espiritualidad: El origen etimológico de este emana del latín, y más exactamente, en el fruto de la suma con tres componentes latinos.

- El sustantivo «**spiritu**», que puede traducirse como «**alma**».
- La partícula «**alis**», que se usa para expresar «**relativo a**».
- El sufijo «**dad**» que es equivalente a «**cualidad**».

Si lo colocamos todo en una sola frase diría algo como: «*La cualidad relativa del alma*».

Es decir, la espiritualidad proviene del alma y es la conexión directa del ser humano con Dios (la divinidad), que se encuentra en nuestro interior.

La espiritualidad es elegida, mientras que la religión, a menudo, es impuesta o forzada.

La espiritualidad se encuentra en nuestro interior, está allí, esperando a ser despertada por ti, que eres el único que la puede conectar.

Es esa ciencia en ti mismo, con fe en lo que sientes y saber que tú eres uno con el creador de todas las cosas.

Gracias a ella, encontrar esa paz y esa tranquilidad interna, solo hay que silenciar nuestra mente y aprender a escuchar a nuestro corazón.

Es una manera de actuar, amar y aceptar, es relacionarse de una manera distinta con el mundo y con la gente.

A continuación, te pongo unas diferencias que he encontrado en internet sobre religión y espiritualidad que me han gustado.

Religión:

- No hay una sola, sino cientos.
- Tiene un conjunto de reglas dogmáticas e incuestionables que deben seguirse.
- Habla de pecado y culpa.
- En la mayoría de los casos es inculcada desde la infancia.
- Esta no investiga y no cuestiona.
- Se basa en la humanidad, una organización con reglas.
- Casi siempre te busca para que creas.
- Sigue las enseñanzas del libro sagrado.
- Se alimenta del miedo.
- Ella se vive en los pensamientos.
- Se hace cargo del «*HACER*».
- Se alimenta del ego.

- Te hace renunciar al mundo.
- Es adoración.
- Vive en el pasado y en el futuro.
- Se vive en el confinamiento de su memoria.
- Te da promesas para la otra vida.

Espiritualidad:

- Solo hay un tipo de espiritualidad.
- Esta te invita a cuestionarlo todo, a decidir tus acciones y asumir las consecuencias de ellas.
- Esta te anima a vivir siempre en el presente y a no sentir resentimiento por lo que ya ha pasado. En ella se eleva el espíritu y se aprende de los errores.
- Esta es el alimento del alma que cada persona busca cuando siente la necesidad.
- La espiritualidad lo cuestiona todo.
- Esta es divina y sin reglas.
- La espiritualidad causa que tú mismo la busques.
- Esta busca la santidad en todos los libros.
- Esta se alimenta de la confianza y la fe.

- Ella vive en nuestra conciencia.
- Es al cargo del «***SER***».
- La espiritualidad te hace trascender.
- Ella hace que vivas con Dios, no que renuncies a él.
- Ella es meditación y escuchar a tu corazón.
- Con ella vives en el presente, en el aquí y en el ahora.
- Ella es la libertad consciente.
- Ella te da luz para encontrar a Dios en tu interior, en esta vida, en el presente.

La espiritualidad es la luz que se encuentra y habita en tu interior, la reconozcas o no, ella siempre está allí.

> «No es necesario creer en Dios para ser una buena persona. En cierta forma, la idea tradicional de Dios no está actualizada. Uno puede ser espiritual pero no religioso. No es necesario ir a la iglesia y dar más dinero. Para muchos, la naturaleza puede ser una iglesia. Algunas de las mejores personas en la historia no creían en Dios, mientras que muchos de los peores actos se hicieron en su nombre.»
>
> **Papa Francisco**

Me parece importante que la gente aprenda a distinguir una de la otra, por eso lo he puesto al principio del libro.

Esto no quiere decir que no se pueda tener una religión sin espiritualidad, ni viceversa.

Tampoco quiere decir que al igual que la religión no haya gente con una falsa espiritualidad, como la hay, en muchos casos, en la religión.

Para mí, un verdadero espiritual es aquel que trata de ser la mejor versión de sí mismo, cada día, y que intenta encontrar esa paz interior.

¿Por qué digo «intenta»? Porque somos seres espirituales viviendo una experiencia humana. ¿Qué quiere decir esto? Que no dejamos de ser mundanos y que, en determinados momentos, habrá cosas que nos superen.

La idea está en ser consciente de lo que te supera en cada situación, que aprendas a ver desde otra óptica la situación, sacar el aprendizaje de eso y subir al siguiente nivel.

De eso se trata la vida, de experiencia y aprendizajes en cada una de ellas.

Hasta que no aprendas esto, la vida se hace cuesta arriba.

Cuando somos conscientes de que nuestro ser interior (esa magia que tenemos dentro), lo es todo, se ve la vida de otra manera, es mucho más fácil.

Y dirás: ¿Cómo hago eso? ¡Si parece difícil! La verdad es que todo parece difícil hasta que se hace.

Por experiencia propia, te puedo decir que todo fluye de una manera mejor cuando aprendes a escucharte, a vivir en el aquí y en el ahora, escuchas a tu corazón y lo que tenga que decirte.

La idea no es vivir en plan *zen*, eso sería una falsa espiritualidad. La idea es aprender a controlar tus emociones a través del aprendizaje diario.

No necesitas que nadie lo sepa, esto es un trabajo individual.

Para cada persona es diferente, cada uno libra sus propias batallas y tiene sus propios aprendizajes.

Podemos ayudar, solo a aquel que nos pide ayuda verdadera y que quiere ser ayudado.

Pero para ayudar a alguien primero tenemos que empezar por nosotros mismos.

No puedes derrochar una espiritualidad, vivir en plan *zen*, cuando dentro de ti hay rencor, no has aprendido a perdonar o simplemente no das gracias por lo maravilloso que tienes y lo que es la vida.

Cuando entiendes la espiritualidad verdadera y trabajas con unos principios básicos, que empiezan en ti mismo, luego puedes aprender a practicarlos y a enseñarlos a los demás.

Si no sabes perdonar al prójimo, incluso a ti mismo, no sabes dar gracias o simplemente no sabes sacar aprendizaje de las situaciones que te superan, entonces tienes trabajos internos por hacer.

La verdadera espiritualidad se basa en ser honestos y humildes desde el corazón, contigo mismo y con los demás.

Si Dios (el universo o como lo llames) es solo amor incondicional, ¿por qué hay sentimientos negativos para ti mismo?

Si tu padre, el creador de todo, es un padre amoroso (que lo es), ¿por qué tú te cuestionas a ti mismo?

La magia interior de la que hablo está allí, al alcance de todos, no está hecha para unos pocos, depende de ti, si la encuentras o no.

Y, por experiencia propia, te digo que lo mejor del mundo es vivir con ella.

Ella es la creadora de milagros en la vida, tienes todo el derecho de tener todo aquello que quieres, sin temor a pedir demasiado.

Hay muchos caminos para ser espiritual, eso depende única y exclusivamente de ti. Lo importante es encontrar esa conexión entre nosotros y ese don divino, el alma.

No es importante lo que nos lleve a ese sitio de tranquilidad emocional, lo realmente importante es encontrar ese sitio donde tengamos paz dentro de nosotros mismos, ese amor inconmensurado, que es la luz, y que el ser humano no entiende porque lo ha olvidado.

Lo importante no es el camino, sino el lugar, ese de paz y amor, en él debemos vibrar.

3. Aprende a perdonar

Si hay algo que me ha costado más aprender, ha sido el verdadero significado del perdón.

No puedes lograr nada que sea fantástico en tu vida si no aprendes a perdonar y a soltar aquello que alguna vez te dio dolor o te hizo sufrir.

En mi caso, aprender el perdón vino después de un gran dolor para mí, la pérdida de mi padre.

Justo en ese instante me di cuenta de que la vida no era más que un soplo y más valía vivirla de una manera feliz y disfrutando, que con rencor en mi corazón.

A medida que fue pasando el tiempo no entendí el motivo por el que estuve tanto tiempo enfadada con mi padre.

Después de tanto aprendizaje me doy cuenta que, tal vez eso que yo creía que él me hacía no era más que la vida enseñándome a valorar algo que me faltaba de él, su cariño y su amor.

Ahora, después de todo el aprendizaje, no tengo más que sentimientos de agradecimientos para su alma, por ser tan generosa con la mía.

Gracias a eso he aprendido el verdadero significado de muchas cosas, pero, sobre todo, gracias a él, estoy en el camino de ayudar a muchas personas a través de mi experiencia.

El perdón es lo más importante para que nuestra alma se transforme y fluya, y no hablo solo de perdonar al prójimo, sino también y muy importante, perdonarte a ti mismo y vaciar esas mochilas que están haciendo que la vida sea cuesta arriba.

Abre las puertas para esa vida mejor y superior, para poder dejar entrar eso tan grande que te está esperando.

Deja de ser esa persona que hoy eres, no te mientas, ni te engañes, la verdad es que te espera algo maravilloso a la vuelta de la esquina.

Permítete recibir eso que te mereces, aprende del pasado y utilízalo par subir un siguiente escalón en la vida, para que tu alma evolucione.

No te preocupes por nadie, porque cada uno de nosotros tiene un proceso diferente de aprendizaje, concéntrate en el tuyo y tu vida irá cambiando poco a poco.

Por último, quiero decirte algo muy importante: todo aquello que piensas que te está pasando y por lo que guardas rencor, está pasando solo para que tú valores y aprendas algo que necesitas saber, para más adelante vivir esa vida tanto anhelas.

Así que, agradece y perdónate, perdona a todos tus hermanos que te han hecho mal. Te aseguro que no ha sido su intención, es la vida utilizándolos para que tú cumplas con tu destino.

Hay dos llaves que te abren las puertas para ese camino que casi nadie puede recorrer.

Parece que solo unos pocos pueden acceder a ellos porque es complicado y la verdad es que no lo es, la gente no acede a ellos porque hay dos llaves que la mayoría no toma en cuenta.

La primera es el perdón, la gente no lo toma en cuenta porque es muy doloroso, y no hablo de perdonar a los demás que también es importante, hablo del perdón a uno mismo.

Este es el que más duele pero es el más liberador, es aquel que te abre la puerta a un nuevo camino lleno de paz y de tranquilidad.

Y la segunda llave es la gratitud de la cual hablaremos más adelante, pero por ahora vamos a trabajar el perdón.

A continuación vamos hacer un ejercicio, yo aprendí el perdón de una forma algo diferente y maravillosa, soñé con mi padre.

Pero tú puedes hacerlo solo escribiéndote una carta y perdonándote por todo aquello que te culpas.

Créeme no es necesario, no tienes porque culparte, nada de eso es real ni importante, perdónate, así que empecemos con una carta de perdón hacia nosotros mismos.

En la siguiente hoja en blanco vamos a escribirnos nuestra carta de perdón, que no quede nada por dentro, te tiene que doler para liberarte de esas mochilas que no te dejan avanzar.

Y la siguiente carta es para perdonar aquella persona que nosotros pensamos que es el culpable de que nuestra vida empezara a ir mal.

No te mientas no es verdad, ha pasado para tu mejor bien, ha pasado para que avanzaras y aprendieras de ello, ha pasado para que tu alma aprenda y siga adelante.

Así que en la siguiente hoja hacemos la carta del perdón para esa persona que nos ha hecho daño.

Carta del Perdón para mí.

Carta del perdón para esa persona que me ha hecho daño.

4. Reconecta con la esencia, con el ser

Como os dije en mi anterior libro, es importante reconectar con nosotros mismos para que nuestra vida sea cada vez mejor.

Para ello tenemos que aprender a perdonarnos y agradecer esas cosas a las que ya no le prestamos atención, porque son parte de nuestras vidas.

Te diré lo que yo hago cada mañana al despertar, te daré un ejemplo de como para mí, lo más importante es esa paz interior y te daré *tips* para que puedas tenerla.

Lo primero que tienes que saber es que tú eres el único responsable de que tengas, o no, esa paz interior, y todo lo que hagas en el día es lo que hará que lo mantengas o no.

Tener paz, al igual que estar enfadado o molesto, es una decisión. Nadie, y cuando digo nadie, es nadie, tiene el poder sobre ti y eso incluye que tengas un animo u otro.

Lo que diferencia a la gente feliz de la que no lo es, es la actitud ante la vida.

> **«No es que las personas felices sean agradecidas, son las personas agradecidas las que son felices.»**

No sé de quién es la frase, pero tiene toda la razón. Cuando eres agradecido con la vida, ella te devuelve lo mismo multiplicado por mil.

Cuando me despierto por las mañanas, lo primero que hago es agradecer por todas las cosas maravillosas que tengo. Quizás tú digas:«¡Es que yo no tengo nada!»

Te diré lo mismo que le dije a mi prima cuando me dio esa contestación: El grave problema del ser humano es que se enfoca en aquello que no tiene.

¿De verdad piensas que no tienes nada?

Hagamos un cálculo con lo que yo tengo y luego tú harás el tuyo.

- Doy gracias por un día más de vida.
- Tengo un techo bajo el que dormir.
- Una cama donde puedo descansar diariamente.
- Tengo una familia maravillosa que me ama de la mejor manera que pueden hacer (esto no quiere decir que no haya discusiones, alguna vez, ni que me amen de la manera que a mí más me gustaría).
- Tengo un hijo maravilloso (que en la fase de la adolescencia me hizo pasarlo «no muy bien», pero aprendí que todo tiene su tiempo y que tengo que respetar su vida).
- Tengo unos hermanos y una madre que me apoyan (a su manera).
- Tengo comida a diario.
- Tengo salud.
- Si el día amanece nublado, doy gracias, y si amanece con sol, doy gracias.
- Doy gracias por los amigos que tengo y por los que vendrán.
- Y luego doy gracias por lo que no tengo, pero que sé que tendré porque no tengo duda de ello.

Como ves, hay muchas cosas por las que agradecer diariamente. Haz tu lista, de un mínimo de diez cosas, por las que agradecer a diario. Hazlo todos los días y verás cómo, solo con eso, tu manera de ver la vida cambia.

1.

2.

3.

4.

5.

6.

7.

8.

9.

10.

Muy bien, si no lo recuerdas, puedes leer esta lista a diario.

También haremos un recorrido por el perdón. Perdonar es muy importante para sanar el alma, si no sanas, no puedes avanzar, si no avanzas, estarás estancado y dudo mucho que tu vida pueda mejorar.

Tanto agradecer como perdonar son importantes para ir subiendo niveles o escalones en la vida, con estas dos cosas, que parecen no ser importantes, la vida mejora considerablemente, hablo desde mi experiencia.

En el momento en que tomes la decisión de hacer esas dos cosas: subir tu nivel de amor y de abundancia a tu vida, te cambiará la manera de ver la vida.

Vayamos entonces a utilizar el poder del perdón para avanzar.

Perdonar es lo más difícil porque para perdonar hay que abrir ciertas heridas que tal vez pensamos que están cerradas y simplemente tienen un parche, que lo que ha hecho es tapar esa herida, pero no curarla.

Comparemos el perdón con una bacteria, imagina que tienes esa bacteria en tu cuerpo, vas al médico y te dice que no te la puedes quitar en ese momento, pero que hay una manera en la que puedes vivir con ella, pero que cada vez que pilles una gripe esta se va hacer más grande y cogerá más fuerza.

Así funciona el rencor. Esto pasa cuando no se perdona, sino que se ponen parches. Al igual que con la bacteria: aprendes a convivir con ella, pero se va haciendo más grande cada vez que algo te cause dolor.

Lo que tenemos que hacer es curar eso desde la raíz, es decir, quitar la mala hierba, para que solo haya bellas flores.

Así que, empecemos a sacar todo ese dolor escondido que llevamos dentro, con un ejercicio que te voy a pedir que hagas.

Busca un lugar tranquilo en el que estés solo durante todo el tiempo del ejercicio.

Siéntate de la manera que te encuentres lo más relajado posible, respira profundamente e imagina que estás en un jardín lleno de flores, las que más te gustan.

Si no te gustan las flores imagina que estás en un lugar que te traiga calma y paz.

Ahora imagina que viene a ti esa persona que te ha hecho daño y se sienta frente a ti (no importa si ya no está en este plano). Tú imagina que viene de una forma cordial a hablar contigo, porque tú le has invitado, tienes que decirle algo que es importante para ti.

Míralo a los ojos y dile todo aquello que no te atreves a decirle por miedo o porque es muy doloroso, suéltalo todo, de la mejor forma posible.

Estamos allí para perdonar, así que si tienes que llorar, llora. Las lágrimas limpian el alma, así que llora si tienes que llorar, que no quede nada dentro de esa bacteria que no nos deja avanzar.

Límpiate adentro para que lo de afuera brille y reluzca. Tener odio y rencor en tu corazón te hace estar más apagado cada día.

Haz este ejercicio cada vez que sea necesario y con todas las personas que necesites. A nivel físico, tú pensarás que no has hecho nada, pero somos energía y estamos unidos, así que, tanto tú como esa persona, se sentirán mejor.

Y cuando veas los cambios con este ejercicio, escríbeme, por favor, y cuéntamelo que estaré encantada de escuchar tus resultados.

Una última cosa muy importante: para ver los cambios tienes que hacer este ejercicio desde el corazón.

Tienes que hacerlo primero contigo y luego con esas personas que te han hecho daño, el perdón empieza y acaba en ti.

Así que, cuando lo hagas contigo, imagina que está tu otro yo frente a ti, ponte la mano en el corazón, perdónate y perdona, libérate de esas cadenas que te han tenido atado y luego ve a cumplir tus sueños.

5. Tranquilidad emocional

Te voy a contar una historia de mi vida, para que te des cuenta de que el que tengas paz interior, o no, depende única y exclusivamente de ti.

Hace unos seis años, más o menos, me encontraba muy bien, sentimentalmente hablando.

Tenía tranquilidad emocional porque tenía un buen empleo, con unos buenos compañeros. No era el empleo de mis sueños, ya que trabajaba mucho, pero me sentía muy a gusto.

Un día apareció, de nuevo, un chico que conocí el segundo día que llegué aquí.

Era un chico muy guapo, de mi edad y la verdad, me gustaba bastante.

Anteriormente estuvimos saliendo un tiempo, nos llevábamos genial, pero él fue muy sincero conmigo, me dijo que no quería tener nada serio con nadie y yo respeté su decisión, así que, dejamos de vernos.

Al cabo de unos cuantos años, ese chico volvió a buscarme, esta vez estaba dispuesto a tener una relación seria, por lo que empezó a buscarme de nuevo.

Empezamos a salir, ya que a mí me gustaba mucho y me llevaba muy bien con él, pero esta vez él había cambiado mucho, y no precisamente para bien.

Se había convertido en un chico muy negativo, por las circunstancias de la vida.

Él veía la vida de una forma muy distinta a la mía.

Para mí, la vida, como te dije en mi anterior libro, es el resultado de las decisiones que tomamos. Estas te llevan por un camino o por otro, y las decisiones dependen de ti, por lo que tienes que tener en cuenta que cada una trae consigo una consecuencia, tanto para bien como para mal.

Por lo que, todo lo que sucede en tu vida es la causa de cada decisión que tomas, incluyendo cómo te tomes la vida a diario.

Si tú piensas que el mundo está en tu contra y que todo el mundo, lo único en lo que se preocupa es en fastidiarte, ocurrirá de esa manera.

Si tú eres como yo, que intento ver la situación desde afuera (y digo intento porque sigo siendo humana y hay situaciones que, por instantes, me pueden, pero hago lo posible por verlo desde otra perspectiva para cambiar mi estado de ánimo), la cosa cambia.

La cosa se iba poniendo seria, por lo menos para mí. Él quería pasar todos mis días libres conmigo, me iba a buscar a diario al trabajo.

Para él todo parecía normal, pero para mí no. Cada vez que salía con él, y estaba de mal humor, yo llegaba con ataques de nervios y ansiedad a mi casa.

Así que, empecé a imaginarme una vida con él y me di cuenta de que no la soportaría.

Él lo negativo y yo lo positivo, él no me entendía a mí y yo tampoco a él.

¿Te imaginas si yo me hubiera dejado llevar por la sociedad y, solo por el hecho de estar sola, me hubiera conformado con estar con él?

¿O si me hubiera dejado llevar por lo que mi mente me decía que era lo más lógico y normal?

Ya que estaba con él, fuera quien fuera, o estuviera como estuviera, ¿qué más da? Tendría a mi lado a alguien.

Tuve que tomar una decisión que, para serte sincera, me costó mucho, porque este chico tenía cosas que me atraían mucho, y la verdad es que me llevaba de maravilla con él.

Así que, un día, cuando salimos, le dije que me había dado cuenta que él quería algo en serio conmigo, pero que yo no podía seguir con él, porque en ese momento me encontraba muy bien conmigo misma y que quería seguir con esa paz que tenía dentro.

Fue una lástima, no se tomó muy bien lo sincera que fui, lo que hizo que me doliera mucho más el tomar esa decisión.

Me sentí terriblemente mal por herir sus sentimientos, pero, créeme, todo hubiera sido peor si esa relación hubiera continuado.

Yo tenía una responsabilidad muy grande, no solo hacer que mi vida cada día fuera mejor, sino hacer que la de mi hijo fuera bien y eso pesaba más que el sentirme sola o no.

Nuestra vida depende de nosotros mismos y cuando tienes hijos y son pequeños es muy importante que te des cuenta que lo que hagas en tu vida repercutirá en la de ellos.

Porque ellos son lo que nosotros le enseñemos, son una copia de lo que ven en casa.

Para mí es importante hacer hincapié en esto, porque la sociedad se va perdiendo en los adolescentes de esta nueva era, y los adultos lo que hacen es juzgar, sin saber que lo que está detrás es dolor y, muchas veces, hasta culpa reprimida.

Esto no quiere decir que ellos no sean responsables de sus actos, eso es importante inculcarlo desde que son pequeños.

Los niños son uno más, pero en edades más pequeñas que la tuya. Además, a medida que van creciendo te das cuenta de que son cada vez más listos, esto es porque la vida va evolucionando.

Es importante que la estabilidad emocional empiece por ti, para así hacer que tus hijos la tengan.

Pero ya te hablaré de esto más adelante, sigamos con la historia.

Me había dolido mucho que este chico no entendiera nada de lo que yo le había dicho, mejor dicho, me dolió que no entendiera que mi paz emocional era importante, de la misma manera que yo entendí, en años anteriores, que él no quería tener una pareja seria.

Mi mente me decía tal vez podía haber cambiado con el paso de los años, si tú lo hubieras permitido, pero el alma es sabia, así que, escúchala con atención porque ella te guiará al mejor camino, sea de una manera dolorosa o no.

No quiere decir que la vida sea cruel, es sabia, nuestra mente juega el papel de protegernos y ella hace que tú la veas dolorosa o no.

¿Por qué te digo esto? Pongámonos en una situación futura, que fue lo que yo hice en ese momento.

Imagínate que yo hubiera seguido con la relación, la cosa iría a más, pero para cuando me hubiera dado cuenta ya habría mucho daño interno, para él y para mí, pero sobre todo para mi hijo, porque, créeme, él no era el amor de mi vida, aunque en ese momento mi mente me dijera que no estuviera sola.

¿Cómo lo sé? Te explico como. Hace dos años, más o menos, estaba en una estación del metro esperando mi tren y de pronto alguien se me acerca y me dice:

—¿Qué tal estás?

Yo estaba mirando mi móvil y cuando alcé la mirada era él. Estaba muy cambiado físicamente, estaba más guapo y parecía más serio.

Le pregunté qué tal estaba y me dijo:

—Bueno, bien, en el trabajo, pero no me gusta, etc., etc., etc.

Terminamos la conversación y cuando me fui di las gracias, porque me di cuenta que, aunque en su momento me dolió, fue la mejor decisión que había tomado.

Se había comprometido con una chica que le quería mucho, y, de hecho, se veía mejor y algo más positivo que antes, pero seguía en la misma tónica de pensar que la vida es algo que te pasa a ti.

En su momento, yo vi con visión de futuro y no me conformé con menos de lo que yo siempre he creído que me merezco.

Fui fiel a lo que mi corazón sentía y pensaba, sin hacerle caso a esa voz tan ruidosa que es la mente y lo que la sociedad te dice.

Tomé lo que para mí y para mi hijo era la mejor decisión y hoy estoy muy contenta porque sé que ha sido así.

¿Qué te quiero hacer ver con este ejemplo? Que la tranquilidad emocional depende exclusivamente de ti, tal vez este ejemplo es algo drástico, pero me pareció el ideal.

Porque tomar esta decisión es más fuerte que tomar la decisión de no enfadarte con tu jefe, por ejemplo.

La tranquilidad emocional, al igual que enfadarte, es una elección.

Te lo voy a explicar con un breve cuento.

Un regalo para Buda

En una ocasión, cuando Buda estaba predicando su doctrina, un hombre se le acercó y comenzó a insultarlo e intentar agredirlo, pero Buda se mantuvo en un estado de imperturbable serenidad y silencio.

Cuando hubo terminado su acción, se retiró.

Un discípulo que se sintió indignado por los insultos que el hombre lanzó contra Buda le preguntó por qué dejó que lo maltratara y lo agrediera. A lo que Buda respondió con segura tranquilidad:

—Si yo te regalo un caballo, pero tú no lo aceptas, ¿de quién es el regalo?

El discípulo contestó:

—Si no lo acepto, sería tuyo todavía.

Entonces Buda respondió:

—Bueno, estas personas emplean parte de su tiempo en regalarme sus insultos, pero al igual que un regalo, yo elijo si quiero aceptarlo o no.

Los insultos son como regalos: si los recoges, los aceptas; si no los recoges, quien te insulta se lo queda en sus manos.

No podemos culpar al que insulta de nuestra decisión de aceptar su regalo.

Por esa misma razón, esos insultos son para mí como un regalo que elijo no recoger. Simplemente los dejo en los mismos labios de donde salen.

«*Soy yo el que elige enfadarse, el que elige sufrir. El dolor es inevitable, el sufrimiento no.*»

Algo que también es importante es que nadie tiene la culpa de tus problemas, no puedes estar todo el tiempo con ellos como hacen ciertas personas, porque no por eso van a desaparecer.

Por eso es superimportante aprender a empatizar con el prójimo.

¿Qué quiero decir con esto? Que al igual que tú libras unas batallas, el resto también está librando las suyas.

Empatizar no quiere decir aguantar hasta que no puedas más, como te dije en le primer libro, tú eres lo primero que tienes que amar.

Lo que digo es que seas consciente de que cada persona tiene un mundo distinto al tuyo y, si podemos entender que al igual que nosotros tenemos problemas y preocupaciones el resto de la gente también, veremos las cosas de una manera distinta, y aceptaremos que no, porque alguien me haya contestado mal, mi día se va a ver peor.

Yo creo que, si empatizáramos constantemente con la gente, el mundo sería un lugar distinto.

La idea es ser conscientes del instante presente, del aquí y del ahora. Cuando haces eso, la vida va de una manera distinta, los colores recobran vida, las canciones suenan más ligeras y tu mundo pasa a ser mucho mejor.

No sé si te has dado cuenta que lo normal es que la mayoría de la gente viva en un constante estrés, distraído con los problemas, los niños, la casa, la familia, el trabajo, etc. Casi el 90% de la gente vive en modo automático.

La mayoría de la gente, aunque te sonría, si ves bien su cara, te darás cuenta que por dentro no son felices.

¿No te ha pasado que sales de casa y llegas al sitio al que vas y no te has dado ni cuenta?

¿O que la gente va en el metro, o a cualquier tienda y no sonríe?

La verdad, es triste, pero es así. A mí, a menudo, me pasa que cuando entro en algún negocio y digo «buenos días» con una sonrisa, la gente me mira muy extrañada, como si algo muy raro pasara, la gente está tan encerrada en sus problemas que no ven lo maravilloso que se están perdiendo en la vida.

Es muy difícil encontrar a alguien amable y feliz hoy en día, pero los hay. Tal vez sea un grupo no muy grande, pero yo lo he visto.

Hagamos que el mundo sea un lugar mejor, no intentando cambiar al mundo, hagamos que nuestro mundo cambie y así nuestro pequeño entorno cambiará también.

Vive en el momento presente, aun a pesar de tus circunstancias actuales. Cuando haces eso estás conectado, y ¡ojo!, no estoy diciendo que sea fácil, pero sí te digo que se puede conseguir y lograr. Para mí no hay nada imposible y espero que no me creas nada de lo que te digo, pero sí que seas de las personas que comprueban todo.

Te voy a dejar un cuento que es un claro ejemplo de lo que, en realidad, hacemos a diario.

El momento presente

Un hombre se le acercó a un sabio anciano y le dijo: —Me han dicho que tú eres sabio... Por favor, dime qué cosas puede hacer un sabio que no esté al alcance de las demás de las personas.

El anciano le contestó:

—Cuando como, simplemente como; duermo cuando estoy durmiendo, y cuando hablo contigo, solo hablo contigo.

—Pero eso también lo puedo hacer yo y no por eso soy sabio —le contestó el hombre, sorprendido.

—Yo no lo creo así —le replicó el anciano. Pues cuando duermes recuerdas los problemas que tuviste durante el día o imaginas los que podrás tener al levantarte. Cuando comes estás planeando lo que vas a hacer más tarde. Y mientras hablas conmigo piensas en qué vas a preguntarme o

cómo vas a responderme, antes de que yo termine de hablar.

El secreto es estar consciente de lo que hacemos en el momento presente y así disfrutar cada minuto del milagro de la vida.

6. No puedes ayudar a nadie que no quiera ser ayudado

Desde que estoy en el camino de una conciencia más amplia y he empezado a escribir, me doy cuenta que hay mucha gente que le gusta estar donde está.

Esto pasa por dos razones:

La primera, porque es mucho más fácil y más cómodo quedarse en ese sitio en el que se encuentran (esto es algo inconsciente).

Y la segunda, es que hay muchos espirituales que se pierden en el ego de que lo saben todo porque han encontrado el camino, que creen que su misión es salvar el mundo.

Hace poco escuché una conferencia de **Amada Selina**, donde decía que nada más fuera de la realidad. No vinimos a salvar el mundo de nadie, empezamos salvando el nuestro y luego guiamos al que quiera salvar el suyo, pero las decisiones son individuales.

En la primera razón también pasa una cosa: hay gente que tiene la necesidad de amor y cariño y tiene alguna manera de llamar la atención, por mucho que sea algo que les perjudique, van a seguir en ese rol puesto que para ellos lo más importante es el amor que le da su entorno.

Nuestra única misión, como seres humanos, es ayudarnos a nosotros mismos. Nuestro amor propio, y el aprendizaje de cada error nos llevará a que nuestro mundo alrededor cambie.

Esto también lo dice mucho **Lain García Calvo,** a un nivel más racional y de acción, «nadie cambia solo porque tú le digas que lo tiene que hacer, sino cuando tú eres ejemplo».

Todo el mundo tiene libre albedrío y esto es muy complicado de entender cuando a la mayoría de la gente le encanta controlar la vida de las demás personas. Como, por ejemplo, cuando eres madre y te piensas que como ya tienes experiencia en esto llamado vida tienes que decirles a tus hijos cómo tienen que vivir la suya.

O cuando tienes una pareja, después que pasas la fase de enamoramiento, y empiezas a querer cambiarle a tu manera.

Y no está bien, hay que entender que cada uno tiene su aprendizaje, en su momento y en el lugar adecuado.

Y sí, también hay mucha gente que no aprende de los errores y no avanza en la vida.

Por experiencia propia, sé que tienes que respetar a cada persona, incluido tus hijos o tu pareja.

Si en un determinado momento quiere cambiar o sacar algún aprendizaje, él solo buscará la manera de hacerlo.

Tú, lo único que puedes hacer, es cambiarte a ti mismo cada día, ser la mejor versión de ti a diario y el mundo cambiará con tu ejemplo. Tenemos que ser nuestros propios superhéroes.

Tus hijos, tu pareja y lo más probable es que tu entorno, cuando vean tu cambio te pregunte qué es lo que haces. Sé el ejemplo que quieres dar y no des explicaciones de cómo hacerlo al menos que te lo pregunten.

7. Nadie te puede querer más que tú mismo

De verdad, es muy importante aprender a amarse a uno mismo para sentirse completo y que lo que puedas atraer a tu vida sea algo que vibre en la misma energía en la que tú estás vibrando.

No se puede sentir que has avanzado en cosas porque lees, porque escuchas videos, porque vas a charlas y conferencias, cuando no te trabajas a ti mismo.

Esto sería lo mismo que mentirte, y no hay nada peor que eso.

«Puedes mentirle a quien quieras, pero nunca, nunca, a ti mismo.»

Julieth Pareja Rios

Y si haces eso (mentirte), nunca serás feliz. Siento ser dura contigo, pero es la única manera de que lo puedas entender.

Si no haces nada para que tu vida cambie te aseguro que, llevando la misma vida que llevas y haciendo lo mismo, tu vida no va a cambiar.

A menudo, veo a la gente quejarse por la vida que tienen, pero no hacen nada para cambiarlo y la mayoría no lo hace no porque no quiera, sino porque es más cómodo quedarse en el sitio donde están.

Esto es muy respetable, cada quien es libre de decidir en su vida.

Cuando ya te das cuenta de que el camino empieza por ti y que si sigues a ese maestro que hay dentro de ti tu vida va cambiando, te da igual absolutamente todo, porque sabes que, aunque el mundo no esté de acuerdo, tú vas por un buen camino.

La mayoría de la gente tiene distorsionado el concepto de amor a uno mismo. Cuando te quieres a ti mismo, miras primero por ti. Esto la gente lo ve egoísta, pero no es egoísmo, es **amor propio.**

Te lo voy a explicar mejor: en todo el tiempo en el que he estado sola, en mi entorno solo había gente con ganas de ayudarme para que no estuviera sola, porque para ellos eso es lo normal.

Pero a mí, desde hace ya muchos años, lo normal no me va.

Nadie, por mucho amor que me tenga, sabe qué es lo mejor para mí, excepto yo misma, y he sido fiel con lo que siento, pero, sobre todo, con lo que pienso.

El problema está en que si eres una persona que se elogia a sí misma, es decir, se dice lo guapo que es, lo inteligente o lo que ha luchado para conseguir lo que ha conseguido, al resto le parece mal.

Déjame decirte: si tú te amas y al resto le parece mal que lo hagas, es su problema, no el tuyo, que te llamen egoísta, si quieren.

Tu único problema tiene que ser amarte como a nadie, ir tras tu sueño, porque el único responsable de tu vida eres tú, no tus padres, ni tu pareja, ni tus hijos.

Te voy a explicar un poco más esto: nuestros padres nos aman de la mejor manera posible, pero la sociedad tiene un patrón que, instintivamente, ellos han aprendido de lo que es bueno y es malo.

Pero, ¿quién sabe lo que realmente es bueno o es malo? Ellos te enseñan desde el «no se puede eso o no se puede aquello» o, desde «si haces esto, está mal y si lo haces así está bien».

Eso no es más que un patrón adquirido por la sociedad, cuando estudias a las personas que han tenido éxito (siendo éxito aquello que tú anhelas), te das cuenta que cada uno actuó de la manera que mejor les parecía.

Ninguno ha seguido un patrón de la sociedad que, muchas veces, la mayoría, te lleva a despreciarte a ti mismo.

Hay mucha gente que se dice a sí misma, «no soy lo suficiente bueno para eso», «no soy lo suficiente fuerte para aquello», o «no soy demasiado guapo y por eso no me quieren», o algo que es muy común entre los que tenemos hijos: «no encontraremos a nadie que nos quiera con un hijo».

Todos son desprecios hacia ti mismo, inconscientemente, y la mayoría son inculcados por nuestra familia, sin querer, ellos solo siguen un patrón.

Pero no somos consciente de ello hasta que no lo empezamos a trabajar.

Y hablo de esto con conocimiento de causa, porque esto que aquí escribo, me pasaba a mí.

Ahora te voy hacer una pregunta que quiero que te hagas a diario.

¿Quién eres tú para creer que no te mereces todo aquello, bello y extraordinario, que tiene el mundo?

¿O es que acaso piensas que esas cosas solo las merecen muy pocos?

Te hago estas preguntas porque eran preguntas que yo me hacía y cuando empecé a respondérmelas me di cuenta de que las respuestas incorrectas no venían de mí.

Venían de un patrón inculcado por mi entorno, por la sociedad en la que vivimos, así que, le empecé a dar sentido a las respuestas, pero esta vez desde el lado correcto.

Y empecé a preguntarme:

¿Por qué no soy merecedora de todo aquello extraordinario que tiene el mundo para mí?

Y, ¿sabes de que me di cuenta? Que sí soy merecedora de esas cosas. Y estoy muy segura que todo aquello, que yo recibo a diario, también lo puedes tener tú.

Así que, te voy a enseñar algo que hay en el libro **El milagro más grande del mundo.**

Se parece mucho a cuando hicimos la lista de agradecimientos, ahora lo vamos a hacer con nosotros mismos, con nuestros dones.

Vas hacer una lista de tus dones. Todo el mundo tiene y lo podemos empezar con algo tan sencillo como que tienes un par de brazos.

1.

2.

3.

4.

5.

6.

7.

8.

9.

10.

Esto es sencillo y fácil de hacer, date cuenta de lo grande que somos y de lo que tenemos para ser felices.

Así que, te voy a poner unos enlaces para que veas de lo que hablo.

Entra en estos enlaces y luego dime si eres un hermoso ser del universo, privilegiado.

https://www.youtube.com/watch?v=COTEd6v-dGMg

https://www.youtube.com/watch?v=GOdgE-sUg22M

¿Te has dado cuenta de lo valiosos que somos y de que no es necesario mucho para ser felices?

Pero, sobre todo, date cuenta de que nosotros somos los únicos que nos hacemos de menos, que vivimos una vida de infelicidad porque nos enfocamos solo en lo que necesitamos y no en lo que tenemos.

¿Quién eres tú?

¿De qué te crees merecedor?

¿Qué quieres para tu vida en todos los aspectos?

Responde estas preguntas desde el corazón y desde la verdad de lo que sientes, sin importar lo que ahora mismo hay en tu mundo, porque aquello que respondes es aquello que vas a obtener.

El valor de las cosas, una historia zen

—Vengo, maestro, porque me siento tan poca cosa que no tengo fuerzas para hacer nada. Me dicen que no sirvo, que no hago nada bien, que soy torpe y bastante tonto. ¿Cómo puedo mejorar? ¿Qué puedo hacer para que me valoren más?

El maestro, sin mirarlo, le dijo:

—¡Cuánto lo siento, muchacho, no puedo ayudarte! Debo resolver primero mi propio problema. Quizás

después... —y haciendo una pausa agregó— si quisieras ayudarme tú a mí, yo podría resolver este tema con más rapidez y después tal vez te pueda ayudar.

—Encantado, maestro —titubeó el joven, pero sintió que otra vez era desvalorizado y sus necesidades postergadas.

—Bien —asintió el maestro.

Se quitó un anillo que llevaba en el dedo pequeño de la mano izquierda y dándoselo al muchacho, agregó:

—Toma el caballo que está allí afuera y cabalga hasta el mercado. Debo vender este anillo porque tengo que pagar una deuda. Es necesario que obtengas por él la mayor suma posible, pero no aceptes menos de una moneda de oro. Vete ya y regresa con esa moneda lo más rápido que puedas.

El joven tomó el anillo y partió.

Apenas llegó, empezó a ofrecer el anillo a los mercaderes. Estos lo miraban con algún interés, hasta que el joven decía lo que pretendía por el anillo.

Cuando el joven mencionaba la moneda de oro, algunos reían, otros le daban vuelta a la cara y solo un viejito fue tan amable como para tomarse la molestia de explicarle que una moneda de oro era muy valiosa para entregarla a cambio de un anillo.

En afán de ayudar, alguien le ofreció una moneda de plata y un cacharro de cobre, pero el joven tenía *instrucciones de no aceptar menos de una moneda de oro, y rechazó la oferta.*

Después de ofrecer su joya a toda persona que se cruzaba en el mercado, más de cien personas, y abatido por su fracaso, montó su caballo y regresó.

¡Cuánto hubiera deseado el joven tener, él mismo, esa moneda de oro! Podría entonces habérsela entregado al maestro para liberarlo de su preocupación y recibir su consejo y ayuda.

Entró en la habitación.

—Maestro —dijo— lo siento, no es posible conseguir lo que me pediste. Quizás pudiera conseguir dos o tres monedas de plata, pero no creo que yo pueda engañar a nadie respecto al verdadero valor del anillo.

—Qué importante lo que dijiste, joven amigo —contestó sonriente el maestro—. Debemos saber primero el verdadero valor del anillo. Vuelve a montar y vete al joyero. ¿Quién mejor que él, para saberlo? Dile que quisieras vender el anillo y pregúntale cuanto te da por él, pero no importa lo que te ofrezca, no se lo vendas. Vuelve aquí con mi anillo.

El joven volvió a cabalgar.

El joyero examinó el anillo a la luz del candil, lo miró con su lupa, lo pesó y luego le dijo:

—Dile al maestro, muchacho, que, si lo quiere vender ya, no puedo darle más que cincuenta y ocho monedas de oro por su anillo.

—¡¿Cincuenta y ocho monedas?! —exclamó el joven.

—Sí —replicó el joyero— Yo sé que con tiempo podríamos obtener por él cerca de setenta monedas, pero no sé... si la venta es urgente...

El joven corrió emocionado a casa del maestro, a contarle lo sucedido.

—Siéntate —dijo el maestro después de escucharlo—.Tú eres como este anillo: una joya, valiosa y única. Y como tal, solo puede evaluarte verdaderamente un experto. ¿Qué haces por la vida pretendiendo que cualquiera descubra tu verdadero valor?

Y diciendo esto, volvió a ponerse el anillo en el dedo pequeño de su mano izquierda.

¿Quién te ha dicho quién eres?

¿A quién le has dado el poder de decidir qué te mereces?

Eres merecedor de todo aquello extraordinario que tiene la vida y no va a llegar a ti si tú no te crees merecedor de ello. Eres un ser completo, creador de su mundo, porque eres un maestro lleno de magia, pero aún no lo sabes.

8. No puedes reconocer que eres magia y seguir comportándote de la misma manera

La verdad es que sí, puedes saber esto y seguir comportándote de la misma manera, porque el libre albedrío te lo permite, pero ya es una elección tuya, es decir, no eres una víctima.

Si te das cuenta de que eres un milagro de Dios y que tienes la misma magia en tu interior por pertenecer a él, es simplemente tu decisión.

Y esto sería como alejarte de tu ser y desconectarte o, vivir en la oscuridad constantemente, mintiendo a ti mismo, diciendo que eres una víctima de las circunstancias, cuando en realidad eres el único responsable de lo que tú mismo has creado en tu mundo.

Parece un juego de palabras, pero en realidad no lo es, para eso tienes que cambiar la visión de la realidad que ves.

Cuando sabes que eres un ser completo, único y merecedor de lo más bonito que tiene el mundo, cuando conectas con tu yo interior, con esa magia que hay dentro de ti, entonces eres consciente que lo que hay fuera tan solo era un reflejo de aquello que tú creías que eras.

En ese preciso momento sabes que tu vida, de ahora en adelante, será todo magia porque tú puedes cambiar tu mundo a tu favor.

En una ocasión le dije esto a una persona que había pasado por un mal trago y que ahora era algo consciente de que él había creado todo eso y me dijo que si se iba a volver egoísta. Yo sonreí y le dije: «No me has entendido».

Hablaba mucho con esa persona y un día le vi mala cara, porque había discutido con una persona. Cuando me contaba lo que había pasado le dije: «No entiendo como sabes que eres creador y, aun así, sigues siendo la víctima». Me miró y no dijo nada.

Así que continué y le dije: «No puedes saber que eres luz y seguir en lo mismo de siempre, porque eso quiere decir que no has entendido de lo que realmente va la vida».

Desde pequeña he sentido que soy diferente, suelo soñar cosas que luego pasan, siento algo dentro que me habla y cuando le hago caso me va bien y cuando no, no me va tan bien.

En mi búsqueda conocí a un chico que le pasa lo mismo y hablando con él me dijo: «Julieth, todo el mundo tiene un don, algunos lo desarrollan, otros no, pero si no lo aceptas, tu vida no va tan bien. Porque es como si negaras que puedes ver, escuchar y hablar, eso está dentro de ti y tu vida mejorará cuando aceptes que eso que te da miedo es parte de ti».

Yo respeto mucho el libre albedrío a la gente, y entendí que, por mucho que esa persona había pasado eso y que había subido un nivel de conciencia, le faltaba mucho por aprender.

Con esto no quiero decir que seas poco humilde y te creas más espiritual que el resto, simplemente te doy un ejemplo. Y si eso te pasa, solo tienes que seguir tu camino y dejar que cuando la persona esté preparada entenderá el verdadero sentido de la vida.

Mi experiencia me dice que, si realmente eres consciente de que eres luz, tu vida y tu camino serán cada vez mejor, como también me dice que, si tú quieres que tu vida cambie, haz lo que haga falta para llegar donde quieres llegar.

Y, ¡ojo!, no me mal interpretes, en mi primer libro te dejé el significado de la palabra humildad, hagas lo que hagas en la vida, hablo desde la humildad, el respeto y el amor, porque aquello que tú das recibes.

Cuando sabes que tienes magia dentro, también sabes que todo el mundo también la tiene, sabes que cada uno tiene su momento de aprendizaje.

Así que, solo caminas hacia adelante sabiendo que si la otra persona hace mal tendrá sus consecuencias, no porque te haya hecho mal, sino porque hay una ley de causa y efecto, pero no te quedas allí esperando que el otro tenga las consecuencias de sus actos, simplemente lo bendices y sigues adelante.

No le das importancia a lo que te hizo, por mucho que te duela, porque eso implica que te estás quedando en ese dolor y tu vibración cambia, ya no vibras en amor.

Sabes que tienes que seguir tu camino, porque las bendiciones que llegan a ti no vendrán porque otros te las quiten, vienen porque eres merecedor de ellas, por el solo hecho de ser quien eres, un ser de luz y de amor, eres una estrella que brilla en el universo, pero que se ha olvidado de quién es realmente.

No importa quién te haga daño, eso no es importante, ni relevante para ti, tal vez es inconsciente, o tal vez no, nada de eso importa, lo importante es que seas humilde de corazón y sepas actuar de acuerdo a los principios del universo y de Dios, que se basan únicamente en el amor.

Y si esto no lo has entendido y vas por un camino donde la humildad que tienes solo vale con tus reglas, te digo de todo corazón que estás al principio del camino y no has entendido nada todavía, no es que esté mal, solo tienes que corregir eso y seguir el camino correcto.

Te voy a dar un ejemplo muy claro, todos los animales son almas puras, por favor, no confundáis alma pura de amor con instinto animal, porque no es lo mismo.

Yo nunca había tenido perros, porque de pequeña tuve una mala experiencia con unos y les tenía mucho miedo.

Ahora tengo, y me doy cuenta de que ellos, al no ser humanos, solo pueden dar amor, aunque tú les riñas o les castigues, porque tú crees que han hecho mal y le digas que no está bien lo que han hecho, lo único que recibirás de su parte es amor puro e incondicional.

A mí me hace mucha gracia cuando la gente quiere tener animales y los quiere domesticar, que se comporten como personas. Perdóname, pero un alma pura es solo eso, amor, aun cuando te entienda.

Si hay algo que me encanta es que su intuición es tan grande y avanzada que saben cuando tú estás triste y lo único que quieren es darte amor para que a ti se te calme esa tristeza.

Creo que tenemos que aprender mucho de los animales y de este amor.

Esto, tal vez, es fácil de entender, pero no tan fácil de hacer, pero la buena noticia es que no es imposible.

Te lo explico más adelante.

9. No juzgues

Cuando era pequeña tuve una mala experiencia con unos perros que me hicieron cogerles miedo, tanto que ni me acercaba a ninguno.

Hace un año y medio mi hermano menor trajo a casa un perro, se llama Lobo. Cuando llegó a casa pensé: así se me quita el miedo a los perros.

Pasó el tiempo y todavía me costaba que Lobo comiera de mi mano. El miedo seguía allí.

Los miedos no se quitan de la noche a la mañana, se van quitando de una manera paulatina a medida que tú vas enfrentándolos.

Hace seis meses llegó a casa otro perro, llamado Beltz.

Él es de raza peligrosa, porque es mezcla de pitbull con american stanford.

Con Beltz se me quitó el miedo, gracias a él les doy de comer de mi mano y ya no les tengo miedo. Entre Lobo y Beltz hay diferencias.

Lobo es el rebelde de la casa, Beltz sabe diferenciar cuando ha hecho algo mal.

A Beltz le juzgan en la calle por el solo hecho de ser de raza peligrosa y, de hecho, yo también lo hacía. Él es un alma supercariñosa, sensible y muy obediente.

Con esto aprendí dos cosas muy importantes: la primera es que el miedo se pierde cuando avanzas hacia él. ¿Cuántas veces le damos vueltas a algo que ni siquiera sabemos si va a pasar? El miedo solo existe en nuestra mente y ella nos quiere controlar, pero en realidad la mayoría del tiempo no existe. Y lo segundo, y que para mí tiene mucha importancia, es que muchas veces juzgamos sin tener ni idea de nada.

Antes de tener un perro de raza peligrosa no solo le tenía miedo, sino que, hacía muchos juicios sin saber sobre este perro. Ahora que lo tengo, lo paso mal cuando la gente me lo etiqueta.

Por supuesto que tiene características que otro perro no tiene y mucho carácter, pero ahora entiendo que no son los animales, sino los dueños.

Hay momentos en la vida que no vemos dentro de lo que hay en cada persona, creo que la sociedad hace que solo veamos lo superficial y hace que la gente viva de eso y por ese motivo hay tanta gente infeliz.

Cuando miras hacia dentro y te das cuenta de que la felicidad está en tu interior, que eres capaz de crear magia, la vida va de otra manera y empiezas a ver que, tal vez, el que parece que no tiene sentimientos tiene más que el que lo muestra.

No juzguemos a nadie tan a la ligera, ve con ojos del amor y así podrás entender a cada persona.

Conozco a personas que para la sociedad son de lo peor, pero yo me llevo muy bien con ellas y suelo hablarles.

Cuando lo hago la gente me suele mirar muy extraño y, alguna vez, me han comentado cosas no tan buenas de estas personas.

Yo suelo ver lo que hay de fondo, pero no todo el tiempo fue así, hubo un momento en mi vida en que creía que mi verdad era la única verdad.

Todo cambió cuando mi padre murió, ese fue mi punto de inflexión, donde me di cuenta de que, tal vez la vida no era lo que me habían contado.

Creo que en el fondo siempre había sido así, pero yo no era consciente de ello.

Cuando hablo con estas personas, que a la mayoría de la gente no les gusta, porque están muy tatuados o hablan mal, me doy cuenta de que hay muchos miedos y mucho dolor detrás que les ha hecho ser de la manera que son.

Y creo que prefiero amigos como esos, que sabes de que van, que aquellos que dicen ser amigos y no son más que hipocresía, simplemente porque la sociedad te marca unas normas que todo el mundo tiene que seguir.

Así que, mi consejo es que no juzgues a nadie, no te guíes por lo que se ve de fuera, lo verdaderamente importante en la vida ,es lo que está en nuestro interior que todo el mundo tiene y que la mayoría no sabe que está allí.

10. Las críticas

Todos los libros que he leído sobre los principios espirituales y leyes universales dicen lo mismo: no critiques.

Y esto es como un juego al que todos entramos y se hace un círculo vicioso, es una de las cosas que, posiblemente, no te dejen avanzar y ser mejor que la persona que eras ayer.

No te preocupes si lo haces, si lo quieres dejar de hacer, realmente, poco a poco, serás más consciente y allí avanzarás porque te darás cuenta que está mal.

Jesús dijo: «El que esté libre de pecado que tire la primera piedra».

Esto es exactamente lo que haces cada vez que criticas, estás juzgando al resto por una cosa o por otra.

Pero si ya eres consciente de todo lo que haces tú, tienes autocrítica hacia ti mismo, eres capaz de saber cuando haces mal...

Una de las premisas que tengo cuando escucho que alguien critica es que si lo hace con otro también lo hará conmigo.

Aparte, soy muy expresiva con la cara, aunque no quiera que algo se note, mi cara lo dice sin que yo me de cuenta.

Cuando escuchas a alguien hablando de otra persona lo más seguro es que esa persona no tenga una vida feliz y así desvía la atención de su vida.

La otra cosa es que le encantaría tener una vida como la tiene esa persona, pero es incapaz de hacer lo que esa otra persona ha hecho para lograr lo que tiene.

Cuando empiezas a darte cuenta de todas estas leyes y quieres hacer que tu vida cambie, estás dispuesto a hacer cambios en tu vida para tener una vida diferente y ya no entras en ciertas cosas, porque sabes que el camino que te lleva hacia ese nuevo lugar es otro muy distinto al que tenías.

Pero, por supuesto, hay personas que se engañan a ellas mismas diciendo que leen, escuchan audios y van a eventos para un cambio y luego siguen actuando de la misma manera.

No es que esté mal, simplemente se están engañando ellos mismos, no es intentar impresionar a nadie, simplemente se creen su propia mentira.

Y ahora que estoy en un nuevo camino, para tener la vida que siempre he soñado me doy cuenta de ello.

Para tener una vida soñada hay que hacer cambios reales, no para que los demás lo vean, sino para ti mismo.

La vida me ha enseñado que tú eres el único responsable de tu vida y por mucho que otra persona quiera ayudar solo tú tienes ese poder.

El único responsable de hacer que las cosas cambien en tu vida eres tú, puedes mentirte a ti mismo, si eso te hace feliz, pero no cambiará nada.

Yo me he dado cuenta de que no existe nada imposible, pero que para lograr los sueños hay que hacer cosas que otros no hacen y es eso lo que marca la diferencia de que llegues a un lugar o te vayas a otro.

Así que, hagamos un ejercicio, cada vez que te des cuenta de que estás criticando es porque justo en ese momento estás viendo, conscientemente, el aquí y el ahora, entonces, allí, tienes el poder de la elección, de seguir haciéndolo o de dejarlo.

Sea cual sea la decisión, sé consecuente con tus actos, porque lo que hagas será una decisión que marcará tu destino.

Mira hacia dentro, bendice a la otra persona y sigue tu vida, porque nadie es más que nadie, y nadie está libre de pecado.

El criticar, al igual que el juzgar, son cosas del ego, es creerse que eres más o mejor que cualquier otra persona.

Todos somos iguales, no importa si tu clase social es diferente a la mía, si ganas más o menos, todo somos únicos y especiales.

Pero creo que es aun peor creerte más que los demás cuando aparentas algo que no es, y eso hoy en día se ve mucho.

La gente vive desde una falsa apariencia de que si le hago creer al mundo que tengo más dinero o que voy más de vacaciones, voy a ser más feliz.

No te equivoques, pero sobre todo no te mientas, no eres más que nadie por ganar más dinero, ni por tener un mejor empleo que otra persona.

Para mí, siempre ha sido muy importante la humildad y se lo enseñé desde pequeño a mi hijo, he conocido a gente con mucho dinero, que hablan y tratan a cualquiera como igual, y a gente que no tiene nada y que se creen más que los demás.

Y cuando veo esto me doy cuenta de que hay gente muy equivocada en la vida, pero, sobre todo, corroboro que son infelices, porque la verdadera felicidad está dentro de cada uno de nosotros.

11. Sé fiel y sincero con aquello que sientes

Esto es muy importante, independientemente de lo que ves allí afuera, cuando escuchas esa voz interior y te habla, tienes que ser sincero a pesar de que eso te lleve por un camino muy distinto al que marca la sociedad.

Esto es lo que le pasa a la mayoría de la gente que está triste con la vida que lleva, y que se conforman con sobrevivir, en vez de vivir su vida.

Eso pasa porque tienen miedo a lo que pueda pasar y a lo que su entorno pueda decir con respecto a lo que sienten en ese momento.

Ese miedo nos les deja avanzar y llegar a lograr aquello que realmente quieren, en el fondo de su corazón.

El ser fiel a ti mismo y a lo que sientes te hará, tal vez, seguir un camino que no es el mismo que el del resto de la gente, pero te llevará a ser más feliz.

Te llevará a esa conexión con ese maestro que realmente eres y te conectarás con esa magia para que seas capaz de crear milagros.

Aprende a apreciar quien eres y a reconocer lo que vales, y eso solo lo puedes hacer cuando eres fiel a lo que sientes en tu interior.

Acéptate tal cual eres, para ello tienes que aprender a convivir con tu verdadero ser y aceptar que también cometes errores, pero que de ellos también aprendes.

¡PUEDO CORTAR MADERA!

Cuando el maestro de Zen alcanzó la iluminación, escribió lo siguiente para celebrarlo:

«¡Oh, prodigio maravilloso: Puedo cortar madera y sacar agua del pozo!».

Esto no es nada sorprendente, el realizar actividades que carecen de emoción, como sacar agua de un pozo o cortar madera.

Nada cambia cuando tú llegas a un estado más alto de conciencia, de hecho, todo sigue siendo igual que antes, lo que realmente pasa es que tu mente, sobre todo, cambia.

Aunque por fuera todo es igual, por dentro todo es diferente, los colores son distintos, al igual que los días, porque entiendes la vida en su plenitud.

Puedes seguir siendo el mismo loco que antes, o el mismo prudente, da igual, la diferencia está en la acera en la que aprecias la vida desde tu nuevo estado.

Puedes seguir cortando madera y sacando agua del pozo, porque te das cuenta que lo realmente importante es el placer de disfrutar de la acción.

Lo importante es asombrarte porque esa acción que haces ya no tiene el mismo significado simple que para el resto de las personas.

Así vive un niño, sorprendiéndose y disfrutando de cada cosa que hace, porque para ellos hasta lo más simple tiene un significado distinto al de un adulto.

12. Nadie tiene la verdad absoluta

Crecemos creyendo que todo lo que nos han enseñado y nos han inculcado es la realidad, pero imagínate por un segundo que todo aquello que sabes no es la realidad.

¿Te has planteado esto alguna vez? Pues yo sí, y esta ha sido la peor manera y por la cual he llegado a donde he llegado.

Una prima me dijo que había leído un ejercicio en un libro y me preguntó si yo lo había hecho, ya que era un libro que yo me había leído.

Mi respuesta fue: «Yo, todo los ejercicios que ponen los libros los hago. Si me resultan, muy bien, y si no lo sigo haciendo porque si le ha dado resultado a la persona que lo ha escrito también me tiene que dar resultado a mí».

Cuestionarte todo lo que sabes no te hacer ser ni mejor ni peor, pero te hace ser de mente más abierta y utilizar a tu favor todo aquello que crees que es bueno para tu aprendizaje y evolución, a todos los niveles.

Si le dices esto a una persona que tiene mucha fe en una religión, lo primero que te va a decir es que si estás loco y que eres un pecador.

Si yo no hubiera cuestionado todas esas creencias, que he ido aprendiendo desde que tengo uso de razón, no hubiera escuchado a esa voz interior que me habla y me ha llevado a sentirme especial con el resto.

Y no estoy diciendo que sea mejor que nadie, creo que cada persona es especial, lo que diferencia a unas de otras es la manera de seguir en ese trance colectivo que te muestra tu vida a diario.

Estoy completamente convencida de que lo primero que tiene que pasar para que tú puedas llegar a cumplir tus sueños es atreverte a soñar con algo que el resto no puede, ni siquiera, permitírselo en sueños.

Porque has nacido en el lugar en el que has nacido o por ser quien crees que eres.

No te sigas diciendo mentiras, eres un ser único y especial, todo el mundo lo es, no solo aquellos que tienen éxito lo son.

Cuando leí por primera vez el libro **El secreto,** lo primero que pensé fue «¿Y si todo lo que sale aquí puede ser cierto? ¿Y si yo soy el creador de mi destino? ¿Y si yo puedo hacer que las cosas cambien?»

Acto seguido, practiqué todo lo que allí decía, sin cuestionarme siquiera si era o no verdadero o falso, porque si antes alguien lo habría conseguido yo también podría.

Lo que sí me cuestioné fue todo lo que sabía desde que tenía uso de conciencia, no solo porque lo dijera un libro, sino también porque, muy en el fondo, algo me decía que me dejara guiar por esa voz interior que está dentro de mí.

Cuando alguien está encerrado en el mundo en el que ha crecido, sin poder cambiar cada una de sus creencias, no está más que encerrado en el mundo en el que ha crecido.

Creo que todos podemos escuchar a ese ser interior y podemos utilizar esa magia que está en nuestro interior, pero para eso tal vez tenemos que reconocer que no todo lo que sabemos es real.

13. No hagas aquello que no te gustarían que te hicieran

Cuando tenía veintitrés años, más o menos, en mi país tenía una vecina que leía las cartas, en ese entonces me gustaba un chico muy guapo, pero él ni me veía.

Un día mi vecina se me acercó y me dijo: ¿Te gusta ese chico? Yo le respondí que sí y ella me dijo que si yo quería lo podía tener siempre, que ella me ayudaría.

La miré a los ojos y le dije que no, que eso no me gustaba, si algún día dejaba de gustarme ese chico le haría daño.

Desde pequeña tengo una regla: «No hago lo que no me gustaría que me hicieran». Hoy, que mi conciencia es más amplia, lo veo mucho más claro todavía.

Creo en la ley de dar y recibir y sé que, si alguien me hace un mal, recibirá lo mismo. No quiere decir que me enfoque en ello, en realidad no le doy importancia, simplemente sigo mi camino.

¿Cómo quieres que te trate la gente?

¿Cómo los tratas tú?

¿Te gustaría que te trataran igual?

Dependiendo como tú trates a los demás así te van a tratar a ti, si tú te metes con alguien se meterá contigo.

Si tienes el valor de estar con un hombre o una mujer casada, créeme, en el futuro alguien te hará lo mismo con tu pareja.

Cuando veo esta situación, veo claro el poco amor que se tiene esa persona a sí misma, para estar en esta situación diciendo que lo hace por amor.

No estoy juzgando, cada quien es libre de hacer lo que quiera, porque cada quien va a pagar su error, tarde o temprano, y creo que casi ninguno recuerda el momento en el que lo hizo.

Cuando entro a algún sitio digo: «Buenos días» y soy muy educada. Cuando me subo al bus, también y la gente lo ve muy raro.

¿Qué pasa? Que la gente está tan sumida en su mundo que pagan su agobio, muchas veces, con gente que ni conocen.

Mi pregunta es: *¿te gustaría que la gente te tratara mal?*

¡No!, ¿verdad?

Entonces, ¿por qué lo haces?

Cuando le contestas a alguien, o le tratas mal, o intentas hacer algún daño, tienes que tener claro que, más temprano que tarde, alguien te tratará de la misma manera a ti.

Existen leyes universales que rigen la vida, lo creas o no, por lo que tienes que saber que hay una ley que es la dar y recibir.

Todo lo que das, recibes, sea bueno o malo, así que, lo que le hagas a otros, en el fondo, te lo estás haciendo a ti mismo, porque la vida te lo traerá de vuelta.

Así que, te digo por experiencia propia, no te preocupes por lo que vas a recibir, sino por lo que vas a dar, porque eso es lo que obtendrás.

Esto me lleva a hacerte una pregunta: *¿Qué quieres recibir en el amor?*

¿Cómo es esa persona con la cual sueñas?

Ahora bien, *¿Tienes tú esas cualidades que quieres en esa persona?*

Si no es así, ya te puedes preocupar en ser como esa persona que quieres, y pronto verás aparecer a esa persona en tu vida. De verdad, haz lo que te digo y lo tendrás.

Si ya tienes a una persona al lado y no es como tú quieres, empieza por comportarte como quieres que esa persona se comporte contigo, o sea contigo.

No te preocupes, que en mi tercer libro profundizaré sobre esto en la pareja.

El amor sana

La base de mis libros es el amor propio y cuando te digo que el amor sana, lo digo porque el amor hacia ti, sana, el amor por la vida, sana, el amor por las cosas pequeñas, sana, el amor por los animales, simplemente el amor.

Reconocer a ese maestro que hay en ti es la base del amor hacia ti mismo y es la puerta de entrada hacia una vida maravillosa, llena de regalos que traerá consigo la vida para ti.

Quiero empezar este capítulo diciéndote lo que es el verdadero significado del amor.

Él te llevará a tener aquello que posiblemente anhelas, que es el amor de pareja.

Quiero hacer hincapié que, hasta que no aprendas a amarte y amar de verdad, no podrás tener una relación mágica y hermosa.

—Te amo —dijo el principito.
—Yo también te quiero —dijo la rosa.
—No es lo mismo —respondió él.

Amar es la confianza plena de que, pase lo que pase, vas a estar, no porque me debas nada, no por posesión egoísta, sino estar en silenciosa compañía.

Amar es saber que no te cambia el tiempo, ni las tempestades, ni los inviernos.

Dar amor no agota el amor, por el contrario, lo aumenta. La manera de devolver tanto amor, es abrir el corazón y dejarse amar.

—Ya entendí —dijo la rosa.
—No lo entiendas, vívelo —agregó el principito.

El Principito

14. ¿Qué es el amor?

No es una ciencia, ni un problema matemático, no tiene lógica, ni pasos.

El amor simplemente es, simplemente se siente, no tiene condición.

Es libertad, es paz, es felicidad.

Y no estoy hablando solo de amor de pareja, estoy hablando del amor a uno mismo.

¿Cómo quieres que alguien te quiera si eres incapaz de amarte tal y como eres?

¿Por qué le das más valor a tus defectos que a tus virtudes?

¿Por qué mendigas amor?

¿Acaso alguien puede amar a alguien que no se ama?

¿Por qué te conformas con menos de lo que te mereces?

¡Lo haces porque crees que no te mereces diamantes, porque estás lleno de oscuridades!

Todos tenemos oscuridades, pero cuando te amas a ti mismo hay luz y aprecias que no serías el mismo sin tus sombras.

¿Por qué criticas el amor?

¿Acaso, si tú fueras el amor, te gustaría estar con alguien que te critica?

¿Por qué dices que todos los hombres y todas las mujeres son iguales?

¿Cómo quieres que alguien maravilloso se acerque a ti si piensas que no hay maravillas en el mundo?

¡Y no hablo de lo superficial, hablo de lo que hay dentro, aquello que muchas veces tú no ves ni en ti mismo!

Cuando sientes amor, todo es bello: la lluvia, el sol, el café de las mañanas, las canciones, los buenos días, la gente sonriendo, los niños, etc.

Vibra en amor, desde la libertad de ser tú mismo, y atraerás a alguien que vibra igual que tú y no serán dos personas, serán una repartiendo amor.

—Te amo —le dijo el Principito.

—Yo también te quiero —respondió la rosa.

—Pero no es lo mismo, —respondió él, y luego continuó— querer es tomar posesión de algo, de alguien. Es buscar en los demás eso que llena las expectativas personales de afecto, de compañía. Querer es hacer nuestro lo que no nos pertenece, es adueñarnos o desear algo para completarnos, porque en algún punto nos reconocemos carentes.

Hay diferencia entre amar y querer, la mayoría de la gente quiere y dice que ama a la ligera, sin saber el verdadero significado del amor.

Ama todo lo que puedas, desde el corazón, pero sabiendo que la palabra amor significa también libertad, comprensión, comunicación.

15. Amor hacia uno mismo

La capacidad de estar solo es la capacidad de amar. Puede que te parezca paradójico, pero no lo es. Es una verdad existencial, solo aquellas personas que son capaces de estar solas, son capaces de amar, de compartir, de llegar a lo más profundo de la otra persona, sin poseer a la otra persona, sin depender de ella, sin reducirla a una cosa, y sin volverse adictos a ella. Permiten que la otra persona tenga total libertad porque saben que, si marcha, ellos seguirán siendo tan felices como lo son ahora. La otra persona no puede arrebatarle la felicidad, porque no es quien se la dio.

Osho, Aprendiendo a amar.

La mayoría de la gente tiene un mal concepto de amor propio, creen que amarse a uno mismo significaría amar solo lo bueno y, por lo tanto, sufren porque ven mucho más grande los defectos que las virtudes.

Aparte, la sociedad nos ha establecido que el que tiene amor hacia uno mismo es un ser egoísta, porque hay que amar más al prójimo que a ti.

Pero, ¿cómo puedes amar a alguien si no te sabes amar a ti?

Amarse no es sinónimo de amar solo tu parte buena, es aprender a amar las dos, es entender las *no tan buenas* y alegrarte de las buenas.

Es comprender que tienes una parte de ti que no te gusta (no creas que eres el único que tiene esas partes oscuras).

Todo el mundo tiene una parte oscura que no nos gusta, pero los que se aman (aquellas a los que muchos llaman egoístas o chulos), han aprendido que tienen que amarse tal como son y es lo que marca la diferencia.

Cuando aprendes a reconocer que, tal vez, tienes mal carácter, entiendes que está allí, que es tuyo, lo amas y sabes que la mejor forma de integrar eso es amándote más, y eso, poco a poco, mejorará.

No es creerte más que los demás, es saber ver que, al igual que tú, el otro también tiene partes oscuras.

Eres un ser divino solo por el hecho de estar vivo, Dios te ha creado a través de uno de los regalos más bellos, ámate como tal, porque no has venido aquí por casualidad, has venido a ser feliz y cuanto más rápido lo entiendas, más pronto cambiará tu vida.

¿Cómo puede amar alguien a quien no se ama a sí mismo? Es algo ilógico, ¿no crees?

El amor carece de ego, por lo que, cuando te amas a ti, no puedes tener ego.

Imagina un jardín que está lleno de flores y también tiene mala hierba. Cuando lo cuidas, esa mala hierba no crece.

Imagina que tú eres el encargado de que ese jardín sea bello, que no crezca la mala hierba. Ese jardín está dentro de ti.

¿Acaso le vas a dar más importancia a la mala hierba que a las bellas flores?

Ese jardín es solo tuyo y nadie más tiene porqué cuidar de él.

Un jardín florece bello cuando hay alguien que está al cuidado de él. Tal vez haya mariposas y, posiblemente, también se acerque algún que otro insecto, pero el jardinero está pendiente de él y hace lo necesario para que ese jardín se mantenga bello.

Es una metáfora, pero llévalo a la realidad, ese jardín eres tú.

Cuando no te amas a ti, te vuelves egoísta, porque solo amas la parte blanca y pura y no la oscura de ti.

Para ello te voy a dar un ejemplo con esta leyenda griega.

Narciso era un joven de una apariencia hermosa y llamativa, que admiraban tanto los hombres como las mujeres, su arrogancia era tal que no podía ver la belleza de los demás, solo la suya propia.

El escritor Oscar Wilde, sin embargo, hace que esta historia termine de una manera diferente.

Narciso y el lago

Él dice que cuando Narciso murió, vinieron las oréades (ninfas del bosque) y vieron que el agua dulce del lago se había transformado en lágrimas saladas.

—¿Por qué lloras? —preguntaron las oréades.

—Lloro por Narciso.

—Ah, no nos preocupa que llores por Narciso —continuaron ellas—, al final de cuentas, a pesar de que todas nosotras siempre corrimos detrás de él por el bosque, tú fuiste el único que tuvo la oportunidad de contemplar de cerca su belleza.

—¿Pero Narciso era bello? —quiso saber el lago.

—¿Quién mejor que tú podría saberlo? —respondieron, sorprendidas, las oréades— Al final de cuentas, era en tus márgenes donde él se inclinaba todos los días.

El lago se quedó quieto un momento. Finalmente, dijo:

—Lloro por Narciso, pero jamás había notado que Narciso fuera bello. Lloro por él porque cada vez que él se recostaba en mis márgenes, yo podía ver, en el fondo de sus ojos, mi propia belleza reflejada.

La belleza no está en si eres una persona guapa por fuera, en realidad eso no es importante.

Lo más bello de las personas está en su interior, yo conozco gente que a los ojos de la sociedad son lo peor, pero son personas con corazones tan bellos que me fiaría más de ellos que de lo que la sociedad llama normal.

¿Puedes ver tu belleza interior o solo estás enfocado en aquello material que necesitas para ser feliz?

¿Eres de las personas a las que le va pasando el tiempo y dicen: «Cuando tenga esto seré feliz, cuando tenga aquello seré feliz», y nunca son felices y mientras el tiempo se les va pasando?

Vive cada día como si no existiera un mañana, a través del amor, y obtendrás las cosas más bellas del mundo.

No te compares con nadie, cada quien es como es y nadie es mejor que tú, ni peor.

¿Cómo quieres que alguien te ame si no cuidas de ti, si piensas que eres todos los defectos que tienes?

Le damos más valor a cada uno de los defectos que a las virtudes.

¿Cómo quieres que alguien te ame si te comportas con las migajas que te dan los demás?

¿Acaso crees que eso es amor propio, acaso crees que eso es amor?

Este es, para mí, uno de los puntos más importantes de este libro, porque me he dado cuenta que para conseguir todo aquello que quieres en la vida te tienes que aprender a valorar a ti mismo.

Y no hablo solo de amor, hablo de aquello que crees que tú te mereces. Yo, por experiencia propia, me he dado cuenta de que lo que más me ha limitado es creer que yo me merezco una cosa u otra.

Y esto es a un nivel inconsciente, porque no sé como serás tú, pero yo soy muy dura conmigo misma, lo que implica decirme la verdad, aunque me duela.

Escribiendo este libro he estado muy enferma, lo que ha hecho que me atrasara con la fecha que tenía programada para terminarlo.

Para una persona que no cree en los principios metafísicos, espirituales o en las leyes universales, diría que ha sido por los cambios de clima, o por cualquier otra cosa, pero yo sé que eso no ha sido así, realmente creo que ha sido un cúmulo de cosas. Lo que más: el estrés, pero este no es el punto, el punto es que cuando se lo comentaba a mi madre o a mi prima me decían: «Pero si ya lo sabes, ¿por qué te preocupas?»

Esto no ha pasado porque yo he querido, es a un nivel inconsciente lo que me ha pasado.

Nuestro inconsciente juega con nosotros de una manera que no vemos, por eso en este libro hay muchos ejercicios.

El creerte merecedor, o no, de algo que quieres no tiene que ver a un nivel superficial, es a un nivel inconsciente. Por supuesto que todo el mundo quiere cosas fantásticas y maravillosas.

¿Pero tú te crees receptor de ello?

Te voy a poner un ejemplo muy claro:

Cuando un chico o una chica está con una persona que físicamente es guapo o guapa, es dulce, es atento y ha decidido estar con alguien que se cree que físicamente no es guapo... normalmente la persona que no se cree tan guapa tiene una inseguridad muy grande y miedo a que esa persona le deje.

Esto pasa porque a nivel inconsciente más de una persona le ha dicho que no es guapo y él se lo ha creído, así, cuando logra estar con alguien así, no cree que se merece alguien con cualidades bellas o físicamente guapo.

Lo que no logra ver es que, no es solo lo externo lo que vale para que una persona esté con él.

Este ejemplo es claro, si lo pasas al dinero, pasa exactamente lo mismo. Cuando alguien inconscientemente ha crecido en una familia pobre o humilde, su inconsciente no le permite tener dinero.

Es decir, el inconsciente no es más que el cúmulo de tus creencias y lo que crees que te mereces o no.

Por lo que, mi trabajo principal en este libro, es enseñarte que somos los únicos creadores de nuestra vida, pero para ello tenemos que trabajar mucho nuestro inconsciente y nuestros grado de merecimiento de las cosas.

Es decir, nuestro amor propio tiene que ser muy alto, por supuesto, con un grado de humildad más grande que tus miedos, para que podamos ser felices.

> *«Ámate lo suficiente para que no te queden dudas de que mereces lo mejor.»*
>
> *Frida Kahlo*

Cuando aprendes a amarte a ti mismo, te conviertes en quien realmente eres y este es el motivo por el cual la gente no lo hace.

Hacer eso implica que vas a desagradar a muchas personas, porque no vas a seguir el patrón que dicta la sociedad, pero, ¿Cuál es el precio de amarte? Es ser feliz por el resto de tu vida, aun cuando estés solo.

El amor verdadero radica en la libertad, la libertad de amar a alguien, aunque no te ame, pero, aun así, alejarte, porque es lo mejor para ti.

No hay mayor acto de humildad que saber que tienes que retirarte e irte, aun cuando te duela.

El amor es amar a tus hijos y a tu familia respetando como son, porque no hay perfección.

Pero, sobre todo, radica en la libertad de amarte tal y como eres.

Por último, te quiero contar un secreto que tuve durante mucho tiempo y que pensaba de mí. Bueno, más que un secreto era una manera de no amarme y no me daba cuenta de que era parte de un miedo que tenía.

Creo que no me sabía ni amar, ni valorar a mí misma. Hace años pensaba que nadie me quería, porque no era tan bella como me gustaría ser.

Más adelante te contaré una historia donde te explicaré cómo me di cuenta de que no era realmente así. Hoy me doy cuenta de lo hermosa que soy, y no solo por fuera, sino también por dentro.

A veces esos miedos internos hacen que no nos creamos suficientes y hasta que somos un patito feo.

Pero la vida es un constante aprendizaje, así que, valórate y ámate, para que tu vida sea cada día mejor.

Hoy me amo mucho y todo lo que a mi alrededor hay es parte del amor que me tengo, incluido esta hermosa saga de libros.

«El caballero lloró más al darse cuenta de que si no se amaba, no podía amar realmente a otros. Su necesidad de ellos se interpondría. En eso apareció el mago y le dijo: Solo podrás amar a otros en la medida en que te ames a ti mismo.»

El caballero de la armadura oxidada.

16. Amor de pareja

Creo que, simplemente, tenemos un poco cambiado el significado del amor de pareja. Bueno, como te dije en **Nada es imposible si tienes fe**, lo importante y lo primero que tienes que saber es que el amor suma, nunca resta.

En el camino hacia este libro se acercaron varios casos que me han ayudado a ver cuáles son las preocupaciones de las personas, a la hora de tener una pareja especial a su lado.

¿Recuerdas mi historia de amor, que te conté en el anterior libro?

En ese entonces empecé a escuchar más a mi corazón y lo que él tenía que decirme.

Lo que me hizo darme cuenta de que ese chico era parte de mi aprendizaje, por mucho que le quisiera, y me llevó a tomar la decisión de cerrar esa puerta del pasado.

¿Por qué hice esto? Porque no me apetecía estar más tiempo sola, pero tampoco me apetecía hacerle caso a la sociedad y estar con cualquiera para no sentirme sola.

Así que, haciendo caso a mi corazón y lo que él decía, pensé: *¿Cómo voy a estar pendiente de lo nuevo y maravilloso que está por llegar si estoy solo viendo al pasado?*

Si te encierras en que esa persona es el amor de tu vida y no sueltas, o cierras esa puerta, ¿cómo vas a ver al hombre de tu vida si estás distraído?

En una ocasión me llamó una chica preguntándome qué podía hacer para tomar una decisión, si debía dejar una relación que tenía porque ella creía que no era buena.

Lo primero que le dije fue que yo le daría mi opinión, pero que solo ella sabía la respuesta, porque estaba en su corazón.

Efectivamente, cuando le contesté, después de escuchar su historia, me di cuenta de que ella llamaba amor a algo que no era amor verdadero.

Hay una diferencia muy grande entre amar y querer, se ama con el alma y se quiere con el corazón.

La gente las suele confundir y la verdad es que hay diferencia. De hecho, hay gente que no dice «te amo» o personas que lo dicen muy seguido.

Los «te amo» son una frase pequeña con un significado muy grande, eso no quiere decir que sea exclusiva solo de parejas, pero te voy a dar un ejemplo sencillo.

Cuando tienes un hijo el amor es tan incondicional y tan grande que un «te quiero» se queda corto, pero eso no quiere decir que no puedas decir te amo a personas que no sean de tu familia o que hayan crecido contigo.

Puedes amar a tus perros, a las personas, incluso al paisaje. El amor es un sentimiento que no tiene barreras de ningún tipo, es entender más allá de ese sentimiento.

El querer, a mi entender, es más limitado, si quieres haz la prueba. Pregunta a alguien si te quiere o te ama, el amor sale del alma y es algo inexplicable.

El amor se siente muy dentro y puedes amar a alguien que no te quiere, pero cuando eso pasa sabes que le puedes amar dejándolo ir, y le puedes amar cuando es feliz con otra persona, porque lo que más te importa es su felicidad.

El amor verdadero es amar a la otra persona, pero nunca por encima de tu sufrimiento y, ojo, que esto no quiere decir que no te duela terminar con una relación.

Claro que duele, pero el amor nunca tiene que estar por encima del tuyo propio.

Por supuesto que ella tenía que terminar con esa relación, simplemente porque ya no le estaba aportando nada.

Mi recomendación, que se basa en mi experiencia, empieza por decirte algo que te he repetido en **Nada es imposible:** si tienes fe y en este y es que seas fiel a lo que tú sientes.

Si tú sientes que esa relación en la que estás no funciona, y que esa persona que está contigo no es la correcta, aun cuando te duela, haz lo que creas que es mejor y correcto para ti y para la otra persona.

De allí saldrá la mejor decisión, tanto para ti como para la otra persona, no te dejes engañar por el miedo y por el entorno.

Sé fiel a ti y a tus sentimientos, porque ellos nunca se equivocan, ellos son, en realidad, los que estarán contigo siempre, guiándote hacia una mejor salida y solución para que tus alma no sufra.

Sé lo que estás pensando, estás pensando que dejarás esa relación y tu alma sufrirá, y en realidad sufrirá el apego que tienes hacia esa relación, al de sentir una falsa seguridad, y eso a la larga te pasará factura porque, créeme, llegará un momento en que se acabe, y el dolor será aun peor.

Siempre que le he hecho caso a mi corazón y a lo que siento, nunca me han salido las cosas mal, aunque en el momento que lo haya hecho pareciera que era una de las peores decisiones de mi vida.

¿Cuántas personas se quedan en una relación por el «qué dirá la gente» y por no hacer sufrir a su pareja? Y yo me pregunto: *¿Dónde quedan tus sentimientos? ¿Es que acaso hay alguien más importante que tú?*

Cuando tú sientes que estar en una relación ya no es bueno, créeme, es porque tu yo interior te está avisando de que es hora de pasar página y seguir adelante.

Lo que obtengas en la vida depende de donde esté el nivel de amor propio.

Conozco el caso de una pareja que la chica era supercelosa, no le gustaba que su marido saliera ni siquiera con sus amigos.

El chico, cada vez que me veía, decía algo bonito y decía que yo le gustaba mucho, pero yo tengo una regla de oro «***no hago nada que no me gustaría que me hicieran***», por lo que no me meto con hombres casados.

Así que, nunca le di pie a sus comentarios. Un día me enteré de que el chico le dijo a su esposa que ya estaba cansado y que no quería estar más con ella, que se le había acabado el amor.

La chica le amaba de verdad, pero su miedo a perderlo hizo que él se cansara, era mucho el control que ella tenía con él.

Esto es igual que si cogieras un pájaro silvestre y lo encerraras en una jaula, lo más seguro es que se muera.

El amor no es más que la libertad de ser tú mismo al lado de alguien, y si esa persona te quiere mantener en cautiverio, lo más seguro es que, en un determinado momento, se acabe el amor.

No necesitas retener a nadie a tu lado, si de verdad te quiere se quedará por sí solo y si no lo hace lo mejor es que se vaya, porque no se merece tu amor.

Nos han acostumbrado a que necesitamos una media naranja y que de ello depende que seamos felices, pero eso nos da a entender que somos seres incompletos.

Si fuera así se supone que la otra persona nos tendría que complementar y, por ese motivo, es que hay mucha gente infeliz, buscando la felicidad en cualquier lugar fuera de ellos mismos.

También implicaría que nosotros tenemos que cubrir las necesidades y completar a la otra persona y si tú no estás completo, ¿cómo vas a completar a otro?

Todas las personas que tienen relaciones maravillosas son seres completos que se han juntado con otra persona igual y por eso son relaciones duraderas, están juntos para ir en la misma dirección y disfrutar del amor que se tienen.

17. Miedos internos

Cuando llegué a España me di cuenta de que en cada país hay una cultura diferente, incluida la forma de ligar que tienen las personas.

Aquí, prácticamente, las chicas ligan con los chicos, cosa que para mí era supercomplicado, puesto que era supervergonzosa.

Para mí, en el tema con los chicos prácticamente era un caso perdido, porque no podía ni siquiera entablar una conversación con un chico y como ya se pusiera en plan borde para ligar conmigo, era peor.

Yo vengo de un país donde los hombres utilizan mucho la palabra para enamorar a una chica. He vivido en una casa criada con chicos, por lo que me sé la manera para ligar que tiene un latino o para llevarte a la cama.

Así que, cada vez que un hombre se me acercaba con esa intención, lo podía ver a leguas. Cuando un chico de aquí venía con esa intención lo cortaba de raíz diciéndole que me conocía perfectamente esa técnica, ya no le dejaba seguir y le cortaba el rollo.

La verdad es que era muy borde con los hombres y estaba muy cerrada al amor.

En una ocasión un chico empezó a decirme palabras bonitas, como trabajaba conmigo no quise ser borde, pero empezó a decirme que nos gustaban las mismas canciones y otras cosas que se podía utilizar para enamorar a una chica y yo le dije:

—Voy a ser sincera contigo, sé como se enamora a una chica y conmigo no va a funcionar.

El chico me dijo que estaba equivocada y que nunca, nadie, le había dicho que no, que conmigo lo iba a conseguir. La verdad es que no lo consiguió.

Pero mi miedo interno no me dejaba ver que estaba alejando a los hombres de mi alrededor y eso me creaba inseguridad, pensando que era un patito feo que nadie veía.

Escribiendo esto me río de mí misma, porque nuestra mente nos juega sucio, pero te voy a contar cómo me di cuenta de que tanto mis miedos como mi mente, jugaban conmigo.

Eran unos carnavales y estaba trabajando en un bar, estaba todo el mundo disfrazado y yo estaba disfrazada de vampiresa.

Mis amigos estaban allí, esperando que saliera de trabajar para seguir la fiesta fuera del bar, tomándome algo con ellos.

De pronto se me acercó un chico superguapo, que me ponía muy nerviosa cada vez que se me acercaba, porque me gustaba mucho, de hecho, evitaba servirle y le decía a cualquier compañera que le atendiese.

Y me dijo: «Julieth, quiero decirte algo muy importante. Eres una chica muy especial y me gustas desde el primer día que te vi, cuando aún no trabajabas aquí. No te has dado cuenta, pero cada vez que vengo con mis amigos pido yo solo para verte».

Y acto seguido me plantó un beso delante de todo el mundo. La verdad, casi me da algo cuando me dijo eso, no me lo podía creer y yo tratando de evitarle por mi miedo a no enamorarme, o por evitar a los hombres, por como lo había visto en mi vida.

Desde allí me di cuenta de que no era que yo fuera un patito feo, era que mi actitud, aparte de alejar a los hombres de mí, me creaba inseguridad.

Mi visión de mí misma cambió desde ese mismo instante, me di cuenta de que mi mente jugaba conmigo, gracias a mis miedos internos.

Hagamos una lista de quince miedos internos que crees que tienes.

La idea es que reconozcamos qué nos está limitando a amarnos a nosotros y que no demos cuenta que todo lo que está fuera no es más que un espejo de lo que realmente tenemos dentro.

Esto es importante porque la gente suele decir: «Yo no le caigo bien a aquella persona», y lo que no se está dando cuenta es que lo que está pasando es un reflejo de lo que él mismo tiene dentro.

Y tú me dirás, «¿Me estás diciendo que no me quiero y que por eso no atraigo el amor?» Y yo te responderé que eso es, exactamente, lo que estoy diciendo.

Por supuesto, está claro que todo esto es a nivel inconsciente y que no lo notas hasta que te dedicas verdaderamente a tu crecimiento personal y a saber que todo lo que tienes aprendido no es más que una mentira. Aquí hablo por experiencia propia, no sabes la cantidad de miedos internos que yo he tenido que eliminar, que ni yo misma sabía que los tenía.

Así que, eliminemos los quince más evidentes:

1.

2.

3.

4.

5.

6.

7.

8.

9.

10.

11.

12.

13.

14.

15.

Muy bien, ahora vamos hacer otro ejercicio, apunta las diez cosas que no te gustan de tu pareja o de esa persona que tienes a tu lado y que te gustaría que cambiara.

1.

2.

3.

4.

5.

6.

7.

8.

9.

10.

Ahora bien, todas esas cosas que no te gustan de esa persona están dentro de ti, por lo que tienes que cambiarlo de ti. Sé honesto y muy humilde para poder cambiarlo, porque si no haces eso te digo, de verdad, que no cambiará nada.

El camino hacia nuevas creencias y cambiar mentalidad vieja por nueva, es largo, y muchas veces doloroso, pero la renovación es satisfactoria.

18. No tengas prisa de volver a enamorarte

Cuando pasas mucho tiempo solo, llega un momento en el que quieres dejar esa compañía, llamada soledad, para estar con alguien.

Y aquí pasa algo que es realmente importante, tienes que aprender a ser paciente si quieres una relación de pareja extraordinaria y no te quieres conformar con menos de lo que te mereces.

Yo estoy completamente segura de que para todas las personas hay maravillas de cosas hermosas destinadas e, inclusive, una pareja.

Aquí influye todo un poco, el entorno, tu edad, etc. Y a causa de todo eso te lleva a pensar que, si no encuentras a alguien rápido hay sueños que tienes que, tal vez, se quedarán en el tintero.

Lamento decirte que no, no vayas con la persona equivocada, porque eso quiere decir que estarás buscando a alguien sin importar lo que esa voz interior te diga.

La persona más hermosa de tu vida no llegará porque la estés buscando, llegará porque se precipitará hacia ti.

¿Has escuchado la frase que dice: «*El amor no se busca, llega solo*»?

Pues es así, en el momento en que menos te lo esperas llegará esa persona, y será una persona muy afín a ti.

Para ello hay que cerrar esas puertas del pasado y curar nuestras heridas, hasta que no hagas eso, tal vez, todo lo que llegue a ti será inequívoco.

¿Te acuerdas de que en **Nada es imposible si tienes fe,** y aquí, te hablo de las creencias limitantes? Pues esas creencias limitantes hay que trabajarlas muy bien y darse cuenta de que nos quedan algunas por allí, escondidas, que no te dejan avanzar.

> *«La vida está hecha de momentos, disfruta del camino para poder llegar a tu destino.»*
>
> *Julieth Pareja Rios*

Disfruta de cada cosa del camino para poder llegar al lugar donde quieres llegar.

Si quieres una relación prometedora y extraordinaria, ¿por qué le haces caso a cualquiera?

Te voy a contar una historia. Cuando decidí cerrar esa puerta del pasado, de ese bello amor, como de la noche a la mañana mi entorno me empezó a presionar porque estaba sola.

Un día quedé con una compañera de trabajo para tomar algo y compartir con ella un poco, en medio de la conversación, muy amena, que teníamos me dijo:

—Conozco a un chico, que es de mi país, que se llevaría muy bien contigo.

Cuando me lo dijo pensé: ¿En qué momento la conversación ha llegado a esto? No estaba entendiendo nada, pero yo soy fiel a lo que digo y lo que siento así que le dije que estaba muy bien así y que el amor ya llegaría, que no se busca.

Pero ella insistió y llegó un chico, que era amigo en común de ella y ese chico que me quería presentar, y le empezó a decir:

—¿A que Julieth y este chico se llevarían muy bien y harían una bonita pareja?

Se empezaron a emocionar, y yo ya no estaba en la conversación porque no sabía que había pasado en realidad.

La verdad, no le di importancia, porque estoy completamente segura de que el amor llega en el momento menos esperado y que si realmente escuchas a tu corazón, él te va indicar que el amor está frente a ti.

Pasaron unos días y de pronto recibí una llamada de mi amiga, me dijo que el chico que había estado con nosotras ese día trabajaba con el chico que querían presentarme, y le habló de mí a ese chico.

Este chico, emocionado por lo que le dijeron de mí, no sabía de que manera conocerme y empezó a pedirle mi número a ella, para hablar conmigo.

Así que, ella me estaba llamando para pedirme permiso para darle mi numero a ese chico, a lo que respondí:

¡Por supuesto que no!

Intentó convencerme para que hablara con ese chico, me dijo que me diera la oportunidad, por lo menos de conocerle, que igual surgiría algo.

Le dije que no rotundamente y luego le dije:

—Agradezco que le hables tan bien de mí a ese chico, pero no voy aceptar una invitación porque él está pensando que yo estoy buscando pareja y luego va a ser peor, le habéis creado una falsa esperanza que no hay. Esperanza a la que él se está agarrando para conocerme, pero que no existe. Sé que lo habéis hecho con la mejor de las intenciones, y se los agradezco, pero no le des mi número y no voy aceptar una invitación.

Mi amiga se sintió un poco mal y me dijo que estaba cerrada al amor.

Cuando llegué a casa se lo conté a mi hermano, y me dijo lo mismo que me había dicho mi amiga, que lo más probable es que estuviera cerrada al amor por no darme la oportunidad de quedar con ese chico.

Me quedé pensando en lo que ellos me habían dicho y pensé, tal vez, en la posibilidad de estar cerrada al amor por no darme la oportunidad con ese chico.

Puse en una balanza sus opiniones y las mías y, tal vez, veía que estaban algo igualadas.

Esa noche tuve pesadillas con lo sucedido. Como en otros casos, mi voz interior me había hablado en sueños, así que, después de tanto darle vueltas llegué a la conclusión de que nadie más que yo sabía lo que mejor me convendría.

Tal vez, por eso, me han dicho alguna vez que he buscado al hombre perfecto y que, tal vez, nunca apareciera.

¡¿Pero, sabes qué!?

No es buscar al hombre perfecto, tengo clarísimo que el amor no se busca y que nadie es perfecto.

No necesito a nadie a mi lado que me ayude a llenar un vacío, quiero a alguien a mi lado que camine conmigo, día a día, y que me ayude a ser mejor cada día.

Yo sabía que no estaba cerrada al amor, pero esas opiniones de la gente que me quieren me hicieron dudar de mí misma, por un segundo, y al final hice lo que siempre hago, escuchar a mi corazón, él es más sabio que mi mente.

Hoy estoy completamente segura de que hice lo correcto, tal vez la vida me estaba poniendo a prueba a ver si era real lo que yo siempre había querido.

Creo que te he hecho estas preguntas en otras ocasiones, pero te la voy hacer de nuevo porque es importante que sepas las respuestas.

Escríbelas en un papel, junto con la respuesta, y léela constantemente para que no se te olvide.

¿Qué quieres en la vida?

¿Con qué estás dispuesto a conformarte?

¿Cuál es ese sueño que quieres?

Nada es imposible en esta vida, tú eres el único que tiene la llave de tu felicidad, no será fácil llegar a eso que quieres, si lo fuera cualquiera lo haría.

Por supuesto que habrá pruebas, la vida se tiene que cerciorar si vas en serio o no, y cuando ves venir algo que parece muy fácil, no te confundas, ese no es el camino.

Así que, gírate y coge el otro, aunque veas que aquel se ve más complicado.

¿Qué marca la diferencia de que alguien consiga un amor verdadero y extraordinario?

El nivel de tu amor propio. Esto parece la tontería más grande del mundo, pero lo que vas a obtener en la vida es lo mismo con lo que estás dispuesto a conformarte.

Si yo hubiera aceptado una cita con ese chico, por esa presión de las personas que me quieren y me aprecian, tal vez hubiera resultado una buena relación.

Pero, la verdad, mi interior no estaría feliz, porque no era la persona correcta.

Cuando la persona correcta aparece, tu corazón lo sabe mucho antes que tú, y te lo dirá, de allí la importancia que aprendas a escucharte.

Aun cuando dudes si es o no la persona correcta, las circunstancias y las casualidades te llevarán a ella, para que lo sepas.

Pero nuestra mente nos engaña haciéndonos ver menos de lo que realmente somos, como para sentir que tal vez no eres merecedor de aquello maravilloso que la vida te ha puesto en el camino.

El que tengas una relación maravillosa o no, va a depender, como siempre, de las decisiones que tomes, recuerda que las decisiones rigen tu destino, cada una trae consigo una consecuencia.

Tal vez mi nivel de amor propio esté muy alto, como te dije en mi anterior libro, yo no conocía el amor verdadero, nadie de mi alrededor lo tenía, pero desde pequeña sabía lo que no quería.

Pero esto también puede ser un arma de doble filo, porque puede que hayan miedos internos, déjate guiar por el corazón, él sabe más que tú.

Y eso no quiere decir que no haya tenido amores en los cuales no haya sufrido, pero la vida es todo un aprendizaje. Si has tenido un amor y no te has valorado con él, si no has aprendido la lección en el otro, repetirás esa lección.

Si cuando estás con alguien sientes que estás solo, eso no es amor.

Si te gusta alguien y se lo dices y a esa persona no le gustas, no tienes que seguir allí, pasa la página, tu amor, tal vez, esté más cerca de lo que tú mismo piensas.

Yo siempre he sido muy drástica conmigo en este aspecto, tal vez en otros, no lo soy tanto, pero en este sí. No se trata de sufrir o no, se trata de escuchar a tu corazón y seguir su consejo.

Si no te sirve con pasar la página, entonces arráncala. No quiere decir que no te dolerá, quiere decir que, aunque te duela, sigas adelante y no te quedes mirando el pasado, como si fuera lo único y lo mejor.

La verdad es que nadie sabe que es lo mejor hasta que sucede.

Yo he visto casos de personas cercanas a mí, que tienen una relación con una persona de hace años, se ven muy bien y hasta algunas veces han hablado de casarse, y de pronto, de la noche a la mañana, terminan la relación.

Les duele o no, pero al pasar el tiempo conocen a alguien y en menos de lo que piensan se casan y son felices por muchos años.

Esto era algo que me daba mucha curiosidad y me he dado cuenta que en realidad no hay nada escrito, tú escribes tu propio destino con cada una de las decisiones que tomas a diario.

Hay mucha gente que está en relaciones que no le gustan, o en relaciones que se acaban y comienzan, acaban y comienzan, sin parar. Y pienso, ¿si están tan enfocados con lo que ya está muerto y no va a ningún lado, cómo van a poder ver lo fabuloso que está frente a tus ojos, cuando parece que estás ciego?

Cuando algún amigo me dice que está en una situación así, lo primero que le digo es: «*¿Por qué no te quieres a ti mismo?*»

Y me responden que no entiendo, que se saben la teoría, pero no la práctica.

Creo que aquí el ego y la mente juega más con

ellos. No se trata de pensar que si esa persona se va perdéis, se trata de amor por vosotros y por las personas que están a tu lado y no hay mejor acto de generosidad contigo y con la otra persona, que avanzar aun cuando te duele.

Creo que cuando te amas de verdad eres un valiente de corazón, porque, tal vez, no tengas a nadie que te apoye en esa situación, pero, créeme, te aseguro que al amarte a ti mismo llegará alguien que te ame más de lo que tú lo haces.

Porque tienes esa necesidad de no estar solo. ¿Por qué no utilizas esa soledad para conocerte, para salir contigo mismo, para disfrutar del día, del sol o de la lluvia, para leer o ir al cine, para bailar o hacer algo que te guste?

Hay estudios que indican que las personas que duran mucho tiempo solas, luego tienen relaciones duraderas y felices.

Regálate tiempo para conocerte y conocer tus exigencias, lo que necesitas y lo que no, esto no es ser egoísta, es aprender qué es lo que realmente quieres.

Cuando haces esto te das cuenta de que el cuento de que somos medias naranjas es mentira, somos seres completos y cuando tú estás completo llega alguien que también lo está y os juntáis para hacer cosas grandes.

Cuando aprendes a estar solo contigo y a conocerte te das cuenta de que encuentras el equilibrio y proyectas aquello que realmente quieres, es mucho más fácil que eso se acerque a ti.

El tiempo solo lo decides tú, puede ser mucho o poco, depende de lo que te haga falta saber de ti.

19. El ex

Un día vi un comentario, en un video de una de las personas a las que sigo y de las que aprendo mucho, de una chica que decía que lo había entendido todo, que le seguía hace mucho tiempo y que iba a atraer a su ex.

No lo terminé de leer porque me di cuenta de que la chica no había entendido nada, pero, sobre todo, de que su mente estaba jugando con ella.

Si lo hubiera entendido, sabría que cada persona es libre de decidir, si quiere o no, estar contigo.

A ver de que manera lo explico mejor, porque sé que esto le pasa a mucha gente, incluso a gente de mi entorno, y cuando lo veo, por más que se lo explique, no lo entienden.

Es muy sencillo: cuando te amas como persona sabes que puedes dejar ir a esa persona sin apegarte a ella, lo cual no quiere decir que no te duela que se vaya, pero lo dejas ir. Si esa persona quiere regresar y tú estás dispuesto a que regrese lo puede hacer, pero no porque tú desees que vuelva y lo atraigas.

Te lo voy a explicar con un dicho que es muy común y que de pequeña me encantaba.

«Si amas algo, déjalo libre; si vuelve a ti, es tuyo, si no nunca lo fue.»

Cuando realmente te amas le das la oportunidad a la otra persona de que elija, día a día, entre un montón de personas, estar contigo.

¿No te parece maravilloso que la persona que esté a tu lado pueda elegirte a diario, a ti, para estar contigo?

Esto tiene mucho que ver también con los celos, y detrás de los celos no hay más que miedo a perder a esa persona porque piensas que tu felicidad depende de ella, y es todo mentira, porque si así fuera, la mayoría de las parejas serían inmensamente felices y no los son.

Me parece supercurioso que la gente piense que la felicidad depende de alguien o de algo. A veces, cuando la gente me ve feliz me dicen: «Estás enamorada». Yo sonrío y les digo: «Sí, de la vida». Y me responden: «Sí, hombre».

Siempre he pensado que eso ha creado una diferencia en mi vida, el no pensar que necesito a alguien para ser feliz, porque soy feliz con muchas cosas simples, como cuando escucho música, por ejemplo.

Y la mayoría de las personas están buscando la felicidad fuera de ellos mismos, en una pareja, en una fiesta, en el dinero, en los hijos y nunca la consiguen porque todas esas cosas te dan felicidad instantánea, pero con el tiempo se va esfumando.

No quiere decir que no disfrutes de tu pareja, de tus hijos o de una fiesta, aprendamos a identificar cada cosa.

Por supuesto que es bonito que una pareja te regale su cariño y lo disfrutes, por supuesto que traer un hijo al mundo es maravilloso, pero cuando te amas, tu percepción de las cosas cambia tanto que, luego, cada una de estas cosas las disfrutas muchísimo más.

En mi próximo libro ampliaré más sobre los celos en la pareja, pero te voy a dejar una anécdota para que veas de lo que hablo.

¿Te acuerdas de mi historia de amor en el libro **Nada es imposible si tienes fe?**

Pues había una chica que estaba muy enamora de él, en el sitio donde trabajábamos, tanto que intentó por todos los medios, hacernos la vida de cuadritos.

Había gente que decía que habían tenido algo antes de que yo llegase, yo nunca se lo pregunté a él porque, para serte sincera, no me importaba si habían tenido algo.

Yo tengo muy claro que, si estoy con una persona, esa persona en cuestión, ha tenido una vida, al igual que yo antes de él.

Por lo que no me importa qué ha hecho, porque es parte de su pasado.

Así que, cuando me venían comentarios no le daba importancia, porque él me demostraba, a diario, su amor por mí, y no era que me dijera que me amaba día a día, yo no necesito palabras para saberlo, eso se sabe con el comportamiento de la persona a diario.

Creo que mi actitud le daba más rabia a esa chica y cada vez se inventaba cosas peores, para que yo me enfadara, pero yo no le doy importancia a terceros cuando alguien está conmigo, les doy la posibilidad de elegirme día a día.

Al cabo de un tiempo esa chica consiguió pareja y en menos de lo que pensamos salió embarazada.

Aquí quiero matizar y dejar claro una cosa, no creo que haya nadie que sea capaz de intuir que una persona le es infiel, creo en este poder creador, y creo que él te va indicando el camino. Cuando alguien te engaña y no te es sincero, lo sabes.

Es como cuando tu hijo te dice una mentira, tú sabes cuando lo hace, pero tú decides si dejarlo pasar o no.

Cuando empecé a salir con el chico que conocí aquí todo el mundo lo etiquetaba de mujeriego, porque estando solo hacía lo que quería.

Pero yo sabía que cuando había tenido una relación seria lo había dado todo por esa relación, por lo que no me importaban los comentarios de la gente.

Como os he dicho constantemente, soy muy fiel a lo que siento, y le hago muchísimo caso a mi instinto, pese a quien le pese, porque eso me ha llevado a ser quien soy ahora.

Además, ¿cómo puede aparecer un amor magnífico si estás todavía pendiente de tu ex? Es ilógico que puedas ver a otra persona cuando estás enfocado en la persona incorrecta.

Estás gastando energía y tiempo porque mientras estás enfocado en una persona que no te conviene o no te valora, estás perdiendo la posibilidad de que otra persona maravillosa te encuentre, tal vez lo tienes al lado y no te das cuenta.

Cuando estás pensando en el ex, todavía estás en el pasado y no has pasado página, pero, sobre todo, no le estarás a él, extrañas la costumbre de estar con él.

Somos animales de costumbre, por lo que, cuando nos cambia algo en la vida, sentimos que se nos derrumba el mundo.

Esto no quiere decir que no duela terminar con tu pareja, o que te dejen, te duele mucho más que tu vida. A partir de ese momento cambia, y por ese motivo extrañas tanto las costumbres que tenías con esa persona.

> *«Crecer es aprender a despedirse.»*
> **Risto Mejide**

Lo escuché en una entrevista que le hizo a una artista y me encantó, porque tiene toda la razón, aprender a despedirse es parte del crecimiento.

20. Cierra esas puertas del pasado

¿Alguna vez has tenido una relación que te ha gustado tanto y que ha tenido que terminar por alguna circunstancia, pero que, a pesar del tiempo, no dejas de pensar en ella y te imaginas que, si hubiera seguido, tal vez, fueras más feliz de lo que eres?

Pues, déjame decirte que nada es real, que hayas vivido una relación maravillosa es genial, has disfrutado de ella y me parece genial, pero ya pasó.

No sigas viviendo allí, pasa página, porque eso no te deja avanzar, no te dejes engañar por la mente, pensando que aquella relación es lo mejor que te ha podido pasar.

Si fue bonita y has disfrutado de ella, ya está, mantenla en tu recuerdo, pero no vivas de ello, porque todo en la vida tiene una razón de ser.

Por muy bonita que haya sido una relación, si se acabó fue por un motivo que, tal vez tú, en ese momento, no viste, pero que más adelante sabrás.

Imagina que esa relación solo la tuviste para que te enseñara algo y luego que tuvo la enseñanza se acabó para que pudieras vivir una aun mejor.

Si te quedas allí, aunque ya haya pasado, no podrás pasar al siguiente escalón, a ese otro aprendizaje que la vida te tiene preparado.

Porque de eso se trata la vida, de un aprendizaje constante, para que nuestra alma evolucione.

Esto no solo pasa con las relaciones, también pasa con los trabajos, con los amigos, etc.

Es como quedarte encerrado en lo bonito que has vivido, pero entonces te estás perdiendo de lo mejor que está por llegar y que, seguramente, te está esperando con los brazos abiertos.

Imagínate que hay algo grande y fabuloso que te está esperando y que tú, por no desprenderte del pasado, te estás perdiendo.

¿Cómo lo sabes?

En realidad, no lo sabes, pero, ¿acaso estás seguro de algo en la vida? Ni siquiera los científicos pueden asegurar ciertas cosas, entonces, ¿por qué sigues allí apegado a algo que ya fue?

En mi libro anterior te conté una historia de amor, mi historia de amor, la más bonita que he vivido hasta ahora, pues hace mucho tiempo me di cuenta que esa historia la tenía que pasar para que me enseñara que el amor existe y con lo que no tenía que conformarme.

Entendí que todo tiene una razón de ser, pero que no tenía que quedarme allí, enganchada, por muy bonita que haya sido, porque era solo una enseñanza.

Lo cual no quiere decir que no agradezca haberla tenido o no lo guarde como lo bello que pasó, por supuesto que fue algo hermoso, pero ya pasó, y lo que ahora viene es aun más fabuloso.

Así que, cierra esas puertas del pasado y mira hacia adelante, aunque no estés seguro de lo que vendrá, pero, créeme, cuando te digo que, tal vez, alucines con lo nuevo que te espera, porque es más de lo que tú crees que te mereces.

Y si no ha sido la mejor relación que has tenido, no importa, sea cual sea, la habrás pasado para que te enseñe lo que no tienes que hacer o con lo que no te tienes que conformar.

¿Te acuerdas que te conté que salía con un chico que me quitaba la paz interior sin él darse cuenta? Pues él me enseñó que mi paz vale más que cualquier cosa.

Todo en la vida tiene un gran aprendizaje, tanto lo bueno como lo malo, así que agradece lo que te pase, bendícelo y sigue adelante, porque la vida va de aprender cada día para ser la mejor versión de nosotros mismos.

21. Relaciones tóxicas

Cuando estás en una relación tóxica es porque no has aprendido tu valor real, esto que parece una tontería y que la gente no ve, es lo más importante a la hora de tener una buena relación.

Y no hablo de relaciones de pareja solamente, sino también de las relaciones personales porque todas las relaciones tienen importancia en nosotros.

Como dice **Lain García Calvo,** hay indicadores en todo que te dicen si vas por buen o por mal camino, incluido en las relaciones tóxicas.

Un día escuché a una chica que, aparentemente tiene una relación maravillosa con su marido, soltando todo lo que tenía guardado, con unos amigos.

A simple vista todo era perfecto, pero como dicen por allí: «La procesión va por dentro».

A lo que yo me preguntaba mentalmente: *¿Y qué te impide ser tú misma en una relación?*

Como si me hubiera escuchado, dijo: «Me ha dicho que si no hago eso nos divorciamos». Y pensé: *¿Cómo puedes tener una relación con alguien cuando no puedes ser tú misma?*

La gente no lo ve, pero eso realmente no es amor verdadero, el amor de verdad es tener voz y voto en tu relación, porque no es una persona, son dos.

Lo mismo pasa en las relaciones con los amigos, hay amigos que quien que tú hagas lo que ellos dicen, y si es así, ¿dónde está tu derecho a ser quien eres en realidad, de hablarle a quien te apetezca?

Otro tipo de relaciones tóxicas son aquellas donde los celos están más que presentes. Aquel que se piensa que si te cela es porque te ama, simplemente se está engañando a sí mismo, para no dejar a esa persona.

No digo que a la mínima de cambio lo dejes porque te ha celado, la base de una buena relación es la comunicación.

Después de tener a mi hijo estuve saliendo con un chico que era superceloso y que un día me hizo pasar vergüenza con uno de mis amigos.

Cuando nos quedamos solos le dejé claro que a mí esa tontería de celos no me iba y que, o confiaba en mí de la misma manera que yo confiaba en él, o la relación se acababa.

Siempre me han tachado de radical, tal vez sí lo he sido, y mucho. Ahora busco un equilibrio para poder ser feliz, pero hay ciertas cosas que no se pueden dejar pasar por alto.

Si al principio de la relación te cela demasiado, allí hay un problema que más adelante se manifestará en algo peor.

Este tipo de relaciones de amistad o de parejas, con celos, no es más que, simplemente, miedo a perder a esa persona, por lo que me hace ver una carencia de amor propio, porque cuando te amas a ti mismo te das cuenta de que no necesitas a nadie para ser feliz.

Puede que entren y salgan personas en tu vida, que estén en determinados momentos, y esto incluye a tus hijos, pero que luego cada uno, en su libre albedrío, decida irse lejos para su propio aprendizaje.

Esto no es más que apego y el apego nace cuando tu piensas que tu felicidad está al lado de alguien o de algo.

Esto no es fácil de aceptar, ya que nos han enseñado que esta es la realidad, que la felicidad depende de tener más dinero, más amor o mejor salud. Y, ojo, no es estoy diciendo que nada de esto no sea importante, por supuesto que lo es, estoy diciendo que, aunque cada una de estas cosas ayuden a tener una mejor vida, la felicidad solo se encuentra en cada uno de nosotros.

El único responsable de tu vida eres tú y nadie más que tú, así que, haz lo posible porque las cosas cambien.

Mi meta con este libro, y los otros dos, es que tú puedas darte cuenta que la felicidad está en tus manos, trabaja por ello.

La mayoría de la gente se conforma con malas relaciones, llenas de insatisfacción, que cada día te hacen más infeliz y más amargado.

Cada vez que alguien me veía sonriendo, la principal pregunta que me hacían era si estaba enamorada y eso me lleva a darme cuenta de que la gente piensa que tu felicidad depende de algo externo, y no es así.

Por lo que, aquí, te voy a dar unos ejemplos de relaciones tóxicas, no sin antes darte unos *tips* o indicadores de que no estás en buen camino.

Soy amante a la música, la llevo en la sangre, gracias a mi padre que de joven fue músico, lo que más me gusta de ella es que tiene la capacidad de expresar lo que está oculto en tu corazón, sin necesidad de decir nada.

¿Por qué pasa esto? Porque la música la escriben personas que escuchan a su alma, y va de alma a alma, o de corazón a corazón.

Hay magia dentro de ti

Tu estado de ánimo va acorde con la música, es decir, cuando tú estás bien la música que te apetece escuchar es buena, pero cuando estás mal o despechado, solo te apetece escuchar este tipo de música.

Yo, hace mucho tiempo, dejé de escuchar algún tipo de música en especial, esto es algo que te contaré en mi tercer libro. Para conseguir algo tienes que vibrar en esa frecuencia, aún así, amo la música en general.

Cuando empecé a salir con este chico que me quitaba mi tranquilidad, la música que escuchaba era música que se asemejaba a esa situación. Esto de lo que te hablo es algo inconsciente.

Por eso, cuando digo que tu ser interior sabe más que tú, lo digo porque lo he comprobado.

En ese entonces había una canción, que voy a compartir contigo, que me hizo darme cuenta de que no estaba en una buena relación, y parece una tontería, pero me hizo tener valor para decirle a ese chico que no quería nada más con él.

https://www.youtube.com/watch?v=6vMhh-BRj-2Q

Cuando estaba pequeña mi madre escuchaba muchas canciones de despecho, canciones que a mí se me fueron quedando y me gustan, porque las escuchaba ella.

En ese entonces mi madre tenía problemas con mi padre, y había canciones que le insinuaban la realidad, para que tomara una decisión.

Desde que aprendí los principios universales solo escucho música y canciones que me ayuden a atraer aquello que quiero, esto para alguien que le gusta la música es complicado, porque cuando alguien canta con pasión se siente.

¿Por qué te hablo de esto que simplemente parece que no tiene sentido ninguno? Porque he podido comprobar por mí misma que la música te habla de cosas que, tal vez, están pasando en tu vida y algunas te ayudan a tomar decisiones importantes.

Algunas hablan de lo que pasa en tu vida pero que tú mismo ni siquiera eres capaz de decir en voz alta, si le prestas atención a esas cosas que parecen insignificantes te darás cuenta de que tal vez esas cosas son mensajes de nuestros guías espirituales para ayudarnos a avanzar en la vida.

Esa canción para mí es importante y cuando la escucho agradezco que haya salido en ese justo momento, porque gracias a ella decidí por mi tranquilidad y hoy estoy en otro camino.

Por supuesto que, absolutamente todo lo que pasa en tu vida es simplemente decisión tuya, por mucho que escuches una canción que te haga ver la realidad, solo tú tienes el poder de sacar ese superhéroe que hay dentro de ti y que amabas de niño para poder llegar a un sitio u a otro.

Mi vida ha cambiado de cinco años hacia aquí y ello me ha hecho darme cuenta de que la vida es igual para todos, pero que solos los verdaderamente valientes que se escuchan a sí mismos, son los que cambian su vida, a pesar de lo que su entorno les dice.

Por ese motivo disfruto cuando recuerdo que me decían que era muy rarita, y disfruto cuando aún me lo dicen, porque gracias a ello estoy en este nuevo camino maravilloso de ayudar a la gente a través de mis libros.

Gracias a que no me importó, nunca, lo que los demás me decían, pero sí a escuchar solo lo que esa voz interior me decía, hoy soy una escritora y tengo resultados diferentes en mi vida.

¿Qué más da lo que la gente diga? ¿Quién ha identificado los fracasos como fracasos? ¿Quién ha dicho que la verdad es la verdad?

¿Te has planteado estas preguntas antes? Porque yo sí, me lo he cuestionado todo y aún lo sigo haciendo.

Así que, hagamos que tu vida, a partir de hoy, sea diferente y que esas relaciones personales valgan lo que tú realmente vales, por lo que, en mi siguiente libro, hablaremos de aquello que quieres en el amor y en las relaciones, y escucharemos canciones que nos ayuden a subir esa energía.

Ahora bien, vayamos a identificar cada una de esas relaciones tóxicas que están en tu vida y apostemos, solo, por aquellas que nos aporten un valor que sume y no que reste.

No es importante si duelen o no, cuando una persona fallece te adaptas a una vida sin ella, aprendes a convivir sin que esa persona esté.

Esto miso pasa cuando cambias de amigos o terminas una relación que no te aporta nada, te adaptas al cambio y aprendes a convivir sin ellos.

Cuando tu nivel de conciencia es alto, te das cuenta que todo pasa por una razón de ser, así que, agradeces lo que ha pasado y pasas a un siguiente nivel.

Es importante que tengas claro que cualquier relación, ya sea de amistad o de pareja, en la no hay completa libertad, no es una relación sana, por lo que está catalogada como relación tóxica.

Para que una relación sea sana es importante que todas las partes sean felices y libres.

He investigado sobre esto porque tenía un caso en mi entorno sobre las amistades tóxicas y me he dado cuenta de que hay muchos casos que no vemos donde las relaciones son tóxicas.

1. Este primer caso es donde una de las personas cede toda la autoridad a las otras o a la otra parte.

Es decir, tú no tienes el poder ni la libertad de decidir en tu vida.

Y quiero aclarar que esto no solo pasa con las parejas, hay amistades así de perjudiciales, donde en tu grupo de amigos está mal que seas de una manera o que le hables a ciertas personas.

Esto es muy importante para nuestra sociedad, que está llena de mucho *bullying*, y es porque la mayoría de las relaciones de amistad son tóxicas.

Es importantísimo que aprendas a amarte a ti tal y como eres y a saber que no hay nadie que pueda tener el poder sobre ti más que tú mismo.

2. Otro caso es las que se basan en los chantajes emociones y manipulación.

Este, creo que hoy en día se ve en muchas parejas.

En la historia que te conté al principio se deja ver muy claro, la chica quiere algo distinto pero su pareja le chantajea con que se divorciarán si no hace lo que él dice.

Esta chica no tiene voz ni voto, pero ella no es consciente de esto porque llevan años así y ella lo ve normal, aunque sufra mucho, para ella es más doloroso alejarse de esa mala relación por miedo al fracaso o a quedarse sola, que no aceptar este chantaje emocional.

Esto también se ve mucho en los casos de los padres divorciados, donde uno de los dos tiene más poder sobre los niños.

Hay uno que le da mucho miedo dejar de sucumbir a los chantajes del otro por no ver a sus hijos.

3. El otro idealizado.

Este caso se basa más que todo cuando estando con alguien tienes el sueño de más adelante cambiarlo a tu manera. Es decir, no le quieres tal y como es, sino que te has enamorado de esa persona que te gustaría que él fuera, pero que nunca va a ser.

Es decir, quieres que esa persona sea como lo has soñado, basas la relación en las expectativas que tienes hacia la otra persona.

Esto pasa, casi siempre, cuando hay una persona que tiene miedo a estar solo y se junta con otra persona que puede, o no, estar en la misma circunstancia.

Lo que hace que más adelante cuando se acabe la etapa de enamoramiento, te des cuenta que no es lo que soñabas, sino otra cosa.

4. Aquella que es basada en la mentira.

Esta es aquella que se basa única y exclusivamente en la mentira de uno de los miembros, pero que el otro lo sabe y se hace el ciego para no ver lo que realmente pasa, por miedo a que le abandone.

En esta también hay miedo a estar solo, por lo que aceptas lo que te hace la otra persona, sin importarte tu amor propio.

He visto muchos casos donde una de las dos personas engaña a la otra, con una o más personas, y su pareja no lo sabe.

Desde mi punto de vista y mi experiencia, pienso que la otra persona sí lo sabe, pero hace como que no ve nada por un interés propio, sea no quedarse solo, o miedo a al fracaso de perderlo todo.

En este caso, como en los otros, las personas no son conscientes de que lo único que están perdiendo es su propia identidad y la confianza en sí mismos.

5. Agresión, pasividad.

En esta relación no hay una comunicación sana y abierta, sino que hablan a través de indirectas, es decir, siempre hay una comunicación hostil y carece de un diálogo normal.

Estudiando un poco lo que son las relaciones tóxicas me doy cuenta de que la mayoría de las personas tiene alguna de estas relaciones, pero no son conscientes de que lo que mantienen es una relación tóxica.

Es importante saber sobre cada una de estas, porque la mayoría de la gente piensa que la única relación tóxica es aquella que está basadas en el maltrato físico y/o agresiones verbales.

Esta es la más conocida, por lo cual se habla más de esto, pero hay que tener mucho cuidado, porque no son las únicas y algunas de las que he puesto aquí pueden desencadenar en esta última.

Quiero terminar con esto, no sin antes darte la última, que es aquella donde todo lo que haces en el presente lo justificas con tus problemas pasados.

¿Cuántas veces has escuchado que esa persona le es infiel a la otra porque en el pasado también sufrió el engaño de su pareja?

Tú y solo tú, eres el único responsable de todo lo que te pasa en la vida, para bien y para mal, y esto es algo que, tal vez, no te guste porque pensarás que cómo te vas a hacer daño a ti mismo.

Al igual que yo me enfermaba cuando empecé a escribir, tú te saboteas mentalmente cuando algo no encaja con lo que hay en tu inconsciente, eso incluye las malas relaciones.

Tienes que tener muy claro que la vida es un aprendizaje constante, por lo que, no es lo que te pasa en la vida, sino cómo te lo tomas y qué pretendes hacer con todo lo que te pasa.

Lo vas a utilizar para subir de nivel o para seguir siendo una víctima de tus circunstancias, hagas lo hagas, sé responsable de tus actos y ten presente que, para bien o para mal, tú tienes el control entero de tu vida.

22. La comunicación y el amor

La base de una pareja y de cualquier relación, incluida la de los hijos, es la comunicación.

Lo que me ha llevado a tener una buena relación con mi hijo es la comunicación que tengo con él.

Cuando eres padre, a veces, se te olvida que fuiste niño e hijo y piensas que tu experiencia va ayudar a tus hijos. Déjame decirte que no es así, tu hijo no va a prender porque tú le digas las cosas.

Aprenderá de sus propias experiencias, pero le puedes guiar con tu ejemplo y dejándolo ser él mismo.

Creo que tenemos que aprender mucho de los niños, ellos dicen lo que sienten porque no están programados con lo que es bueno o malo, también se enfadan y luego ya son amigos de nuevo.

¿Por qué a ti, en tu camino de vida, se te olvida ser de esta manera?

A mí me hace mucha gracia cuando un padre le dice algo a un niño y el niño le contesta de una manera simple, pero inteligente.

Siempre les digo lo mismo, los niños son niños, pero son mucho más inteligentes que los adultos. ¿Sabes por qué? Porque ellos hacen caso a este poder interior que yo he llamado magia, que está dentro de cada uno.

A los niños, cuando una persona mayor nos les cae bien, es porque en su interior ya sienten que esa persona no es buena, su instinto se los dice. Lo mismo pasa en una relación, sea cual sea, la comunicación es muy importante.

¿Cuántas veces dices: «Yo sé que Fulanito está pensando esto de mí»? Yo me pregunto: ¿Cómo puedes saber eso si aun conociendo mucho a la otra persona no sabes lo que le pasa por la mente?

Cuando algo te molesta, ve y habla con la persona en cuestión, no con gritos, ni cuando estés enfadado.

¿Te suena que te enfadas con una persona y muchas de las veces son malos entendidos? Imagínate eso en una relación de pareja o en una relación de amistad.

Para tener una mejor comunicación, aprende a ser responsable de lo que has hecho hasta ahora, aprende a pedir perdón si lo tienes que hacer y aprende el significado de la palabra humildad para que seas consciente de que tu verdad no es la única verdad, seas padre, madre, esposo o esposa.

La base de las buenas relaciones es la comunicación, es una formula sencilla.

Hablar + Escuchar = Comunicación.

23. La magia y los niños

En mi libro anterior hablé de la importancia de criar a los hijos con conciencia.

Esto, para mí, es muy importante, porque creo que no se puede criar a un hijo a la ligera, es muy importante la educación desde pequeño para que de adulto sean la mejor versión de ellos mismos.

En mi casa crecí creyendo que lo importante era tener un título para tener una carrera y poder defenderme en la vida.

Después de entrar a estudiar una carrera, que no me gustaba nada, pero que tenía salida, me di cuenta de que no puedes hacer algo que no te gusta. Primero porque no vas a entender nada y segundo, porque si lo terminas vas a ser una persona muy frustrada.

Si alguien me pregunta: «¿Qué te gustaría que hiciera tu hijo? Le respondería: *«Quiero que sea feliz»*, pero eso, la mayoría de la gente no lo entiende. Hoy por hoy estoy superorgullosa de mi hijo, porque es un adolescente consciente, que lee mucho, pero, sobre todo, porque es un chico feliz, lleno de lo más importante: valores y humildad.

Pero no todo el tiempo fue así, hubo dos años, en la adolescencia, que pensé que lo había hecho mal, fueron dos años duros para mí, pero, menos mal, fue cuando me empecé a buscar y eso me hizo darme cuenta que, tal vez, mi hijo estaba perdido porque yo lo estaba.

Todo lo que he ido aprendiendo se lo he ido inculcando a mi hijo, poco a poco, y puede que con el tiempo quiera seguir mis pasos como escritor, porque también tiene el don de escribir, o puede que quiera ser cantante, eso da igual, lo único importante es que sea feliz con lo que quiera ser en la vida.

La educación empieza por casa y creo que va de la mano con la humildad.

Un día me contó una chica que había visto que un padre se había dado cuenta de que su hijo le faltaba el respeto a unos compañeros de clase y lo castigó, una semana entera, haciéndole caminar a clase, vivían en un sitio retirado y tenían que ir en coche.

El decir que su hijo tenía que aprender humildad para no hacer lo que hacía, porque no lo había visto en casa, habla muy bien de ese padre.

Ese padre le estaba dando lecciones de humildad a su hijo, recuerda que lo que tú le des de ejemplo es lo que él va a hacer.

Nos quejamos de que hay niños que son groseros, criticamos a los hijos ajenos porque son esto o aquello, pero, ¿eres consciente de lo que tú estás enseñando en casa?

Cuando un adolescente hace algo malo todo el mundo le etiqueta, parece que todo el mundo se olvida del pasado y cuando fue adolescente, muchas veces hasta sus mismos padres.

Pero, ¿alguien se preocupa por lo que está pasando por la cabeza de ese adolescente para reaccionar así o hacer lo que hizo?

No creas que justifico ciertas cosas y digo: «Pobrecito de él». Lo primero que le enseñé a mi hijo es que toda causa genera un efecto, para bien o para mal.

Por lo que, si hacia algo malo, eso le generaría un mal efecto, y así con lo bueno.

Hay padres que dicen: «No puedo con mi hijo, se ha vuelto un déspota, poco humilde». Yo te pregunto: «¿Tú que has hecho para que eso no pasase? ¿Qué le has enseñado? ¿A creer que tiene más que los demás, cuando no es así? ¿Le has enseñado modales, educación o como debe tratar a una mujer?»

Como te ven en casa tratar a tu esposa o esposo, a tus padres, a tus vecinos y familiares, así harán.

Todo lo que vean es lo que, más adelante, van a hacer en la vida.

¿Con qué palabras les hablas?

¿Con qué palabras te tratas tú?

¿Con palabras de fracaso?

¿Crees en ti para que tu hijo crea en él?

¿De qué cosas le hablas?

He visto casos en la televisión, en los que en algún partido infantil los padres le gritan al árbitro aun siendo un adolescente. *¿Qué crees que está viendo tu hijo en ese momento?¿Qué crees que le estás enseñando?*

Creo que la gente no es consciente de que todo lo que ellos ven es lo que más adelante van a hacer. La gran preocupación de los padres es que los hijos sean mejores que ellos y, ¿cómo lo van a hacer si no tienen modelos cerca para que sean mejores?

Una de las cosas que me di cuenta cuando me sentía perdida es que, si yo me sentía así, ¿cómo iba mi hijo a no sentirse perdido?

Así que, te pregunto:

¿Qué tipo de vida te gustaría para tu hijo? ¿Ha visto esos modelos en tu casa?

Yo me he dado cuenta de que los adolescentes son así de rebeldes, no solo porque tienen las hormonas a millón, sino también por lo que ven en casa.

Y esto, la verdad es que a mí, en particular, me preocupa. Veo cada padre, diciendo cada cosa a los niños... y pienso que no saben el daño que les hacen. Lo peor de todo es que los padres no son conscientes de ello.

La magia que todos tenemos, los niños la tienen al máximo nivel, pero los adultos hacemos que a ellos se les olvide, igual que a nosotros se nos ha olvidado.

Cuando veo a un padre afirmando su miedo interno, pienso lo que le está sembrando en el subconsciente al niño.

La vida no es lo que vemos, es algo más, aprender a identificar tu magia y tu maestro interno es importante, pero si tienes hijos es doblemente importante.

Educar a un hijo no es castigarlo y regañarlo cuando hace algo malo, es escucharlo y hacer que cada uno de sus miedos disminuya, pero para eso tú tienes que hacer que los tuyos sean pequeños también.

Hace poco mi hijo le dijo algo a uno de mis hermanos y luego le dijo: «¡Claro, como a mí nadie me escucha, excepto mi madre!»

Me sentí muy bien porque mi hijo sabe que yo le escucho, sé que para él eso es importante, así como para mí que él me escuche a mí. Y eso es lo que me ha llevado a que él tenga la confianza que tiene conmigo, lo cual no quiere decir que me cuente todo.

Así que, sé consciente de cómo hablas por ti, pero, sobre todo, por tu hijo, la palabra tiene poder tanto para ti como para la gente que te rodea.

Creo que más adelante escribiré un libro que vaya dedicado a cómo hacer que tu hijo sea la mejor versión de sí mismo.

Recuerda que el cambio que quieres ver en el mundo empieza por ti.

24. Cambia tu vocabulario

Cambiemos el vocabulario que tenemos porque creo que ese no nos ha llevado a tener mejores cosas.

Ahora vamos a crear un nuevo vocabulario que nos lleve a ser y a sentirnos mejor cada día con nosotros mismos, con nuestros hijos y nuestra familia.

Te aviso que no será fácil porque ni tú, ni la gente que te rodea está acostumbrada a esto. Nos costará un poco, pero no importa, porque los cambios son progresivos.

Este ejercicio lo estoy haciendo con mi familia para ayudarlos a crear una nueva versión de ellos mismos.

Estamos muy acostumbrados a decirnos, si hacemos algo mal, cosas como: «¡Qué tonto soy!» O cualquier otra cosa negativa de nosotros.

Nuestros hijos nos escuchan y hacen lo mismo, por lo que se va creando una inseguridad, y así se van sumando algunas otras con cada palabra negativa.

También, si has regañado a tu hijo diciéndole: «¡Es que nunca te enteras de lo que haces!» o, «¡qué tonto eres!». Eso, poco a poco, va entrando en su subconsciente y va creando inseguridades.

¿Ves cómo, sin darnos cuenta, poco a poco, vamos creando una imagen distorsionada de nosotros y por ende a nuestros hijos? Por eso es superimportante cambiar nuestros vocabulario.

Desde que mi hijo estaba pequeño le hablaba con palabras que le enseñaran que él era un niño único, inteligente, guapo y divertido.

Cada vez que me decía: «Mamá, es imposible hacer esto», le respondía: «En la vida no hay nada imposible». Al igual que cuando me decía que no podía hacer algo porque era difícil.

Ellos, cuando van creciendo, van perdiendo esa magia con la nacieron, para ir adaptándose a esa realidad que nos han enseñado que es la vida. No permitas que tu hijo pierda esa magia, es muy importante que siga latente en su corazón.

Así que hagamos una lista de afirmaciones y palabras que nos ayuden a ganar seguridad, a nosotros y a nuestros hijos. Haz varias copias y pégalas por todas las habitaciones de la casa, repítelas con tus hijos y en familia.

Empecemos:

1. Yo soy único.

2. Yo soy especial.

3. Yo puedo conseguir lo que me proponga.

4. Yo soy amor.

5. Yo soy felicidad.

6. Yo soy inteligente.

7. Yo soy merecedor de todo lo bueno y bello que tiene la vida.

8.

9.

10.

11.

12.

13.

14.

15.

16.

17.

18.

19.

20.

21.

22.

Sigue la lista y añade todas las palabras que te vengan a la mente, en positivo. Da igual si tú no te crees nada, lo importante es cambiar nuestras creencias de que somos menos.

Yo me he dado cuenta que a medida que he ido hablando, en mi crecimiento de conciencia, que antes me sentía pequeña y poco merecedora de ciertas cosas.

Y, ¿cómo voy a creer que nada es imposible si no creo que hay cosas tan grandes y tan grandiosas destinadas para mí?

«*Una mente pequeña no te permite avanzar hacia grandes sueños, así que hagamos crecer nuestra mente.*»

Julieth Pareja Rios

¡Fenomenal! Ahora a repetirlas cada vez que las veas. Si te cuesta sacar estas palabras busca en el diccionario palabras de amor, paz, alegría y que te den seguridad.

Creemos una mejor sociedad, con niños más seguros y más conscientes, pero el cambio no empieza por ellos, empieza por ti.

25. Personas o situaciones puente

Hace poco leí una información sobre esto que me encantó, porque creo que todo el mundo lo ha vivido alguna vez, aunque no sea consciente de ello.

A mí me suele pasar mucho, y cuando soy consciente de ello lo agradezco al máximo.

Tiene este título, pero también lo podríamos llamar *causalidades*. ¿Qué quiero decir con esto? Que todo en la vida tiene una razón de ser, aunque no lo veamos en ese momento.

Te voy a contar algo que ha pasado hace poco. Tengo un amigo que tenía un grupo de amigos que no eran nada buenos, tóxicos en todos los sentidos y siempre le daba consejos para que se alejase de ellos, pero nada pasaba.

En ese grupo de amigos había una chica que, supongo, le gustaba hace mucho. Esta chica tenía un novio que no se portaba nada bien con ella, le engañaba con cuanta mujer se le pusiera delante y la trataba muy mal.

Esta chica se hizo muy amiga de mi amigo, por lo que él empezó hablar con este chico para que la tratara mejor y que siguieran juntos.

Esta chica le contaba muchas cosas a mi amigo y cuando su novio le hacía alguna cosa, ella le llamaba llorando para contarle lo que este chico le hacía.

Mi amigo estaba saliendo con una chica que era muy insegura y que no le hacía nada bien a él. Así que, cuando me pidió un consejo, le dije: «Lo más valioso que tenemos es nuestra tranquilidad emocional, habla con ella si quieres un cambio de vida y si ella está dispuesta a ser feliz contigo, seguirán adelante. Si no es así, tendrás que tomar una decisión, pero también te digo que si quieres ser feliz con ella o con otra te tienes que alejar de esos amigos porque no van a permitir que nadie sea feliz porque ellos no lo son».

Así que, mi amigo me escuchó y habló con la chica. La chica le dijo que lo mejor era, de momento, no tener nada y se fueron alejando.

Un día le llamó la otra chica diciéndole que su novio la había tratado muy mal por algo que le habían contado y le había dicho que no quería nada con él.

Ella, aunque muy dolida ya estaba cansada de esta situación, así que, poco a poco fueron hablando, se hicieron más amigos, hasta que un día se dieron cuenta de que se gustaban mucho y decidieron darse una oportunidad.

A mi amigo le dijeron que él no valoraba la amistad, por darse una oportunidad con esa chica. Yo me sé la historia de ese chico, le conozco y sé que no es, ni siquiera, un buen amigo.

A lo que le dije a mi amigo: «No cambies tu felicidad por amistades que no merecen la pena, si él hubiera sido el mejor hombre con esa chica yo te diría que has hecho mal, pero me sé sus historias, la trataba como a un trapo. Él no se merecía a esa chica, tú, siendo su amigo, siempre estuviste allí para que él no la engañara porque sabías que ella vale. No te equivoques, disfruta de tu felicidad y del amor sin remordimientos de conciencia. Los buenos amigos no hacen que sus amigos se líen con otras chicas al salir de fiesta cuando estás saliendo o conociendo a alguien, y lo hacia contigo, eso no es ser buenos amigos».

¿Qué te quiero contar con esta historia? Que ellos no lo sabían, pero cada uno de ellos dos tenía que estar donde estaba en ese momento, conocer y estar con las personas que estaban para poder conocerse.

En la vida todo tiene una razón de ser, aunque en el momento no lo veas, luego te das cuenta de que todo es como un rompecabezas que encaja a la perfección.

Pero también tengo que decirte que, aunque las personas están allí, en tu vida, tú eres el único que tiene que tomar la última decisión.

Mi amigo me hizo caso y, aunque al principio le costó, se dio cuenta que por lo que tenía que apostar era por él y por su felicidad con esa chica.

Se dio cuenta de que esas no eran buenas amistades y que lo único que querían era que él fuera igual que ellos, que si no encajaba ya no era su amigo.

Esto lo he visto más de una vez y supongo que tú también lo habrás visto, o igual te ha pasado un caso algo parecido y te pregunto:

¿Eres feliz por ti, o por encajar y que los demás te acepten?

¿Estás dispuesto a apostar por tu felicidad o por hacer feliz a los demás?

¿Con qué estás dispuesto a conformarte en la vida?

El éxito, la felicidad, el amor, lo marcas tú, tú y solo tú tienes el poder de cambiar tu vida, no importa que el mundo esté en tu contra, ya encontrarás a gente afín a ti, que sean felices porque tú eres feliz.

Hazte el favor de no engañarte más y decide qué quieres en tu vida, pero decide bien, decide por ti.

Este cuento, que hace un tiempo escuché, te lo regalo para que, de una vez por todas, seas consciente de que la felicidad está, única y exclusivamente, dentro de ti.

Donde se encuentra la felicidad

«Al principio de los tiempos, los dioses se reunieron para crear al hombre y a la mujer. Lo hicieron a su imagen y semejanza, pero uno de ellos dijo:

—Un momento, si vamos a crearlos a nuestra imagen y semejanza, van a tener un cuerpo igual al nuestro y una fuerza e inteligencia igual a la nuestra. Debemos pensar en algo que los diferencie de nosotros, de lo contrario, estaremos creando nuevos dioses.

Después de mucho pensar, uno de ellos dijo:

—Ya sé, vamos a quitarles la felicidad.

—Pero, ¿dónde vamos a esconderla? -—Respondió otro.

—Vamos a esconderla en la cima de la montaña más alta del mundo.

—No creo que sea una buena idea, con su fuerza acabarán por encontrarla.

—Entonces... podemos esconderla en el fondo del océano.

—No, recuerda que le daremos inteligencia, con la cual, tarde o temprano, construirán una máquina que pueda descender a las profundidades del océano.

—¿Por qué no la escondemos en otro planeta que no sea la tierra?

—Tampoco creo que sea buena idea, porque llegará un día que desarrollarán una tecnología que les permita viajar a otros planetas. Entonces conseguirán la felicidad y serán iguales a nosotros.

Uno de los dioses, que había permanecido en silencio todo el tiempo y había escuchado con interés las ideas propuestas por los demás, dijo:

—Creo saber el lugar perfecto para esconder la felicidad, donde nunca la encontrarán.

Todos le miraron asombrados y le preguntaron:

—¿Dónde?

—La esconderemos dentro de ellos mismos, estarán tan ocupados buscándola fuera, que nunca la encontrarán.

Todos estuvieron de acuerdo, y desde entonces el hombre se pasa la vida buscando la felicidad sin darse cuenta que la lleva consigo.»

La mayoría de la gente se piensa que la felicidad es un lugar al que llegar, una pareja, el ser padres, una mejor situación económica, más dinero o más salud.

Cada una de esas cosas ayudan a que tu felicidad crezca, pero la felicidad no es un lugar donde llegas y te quedas, la felicidad es el camino hacia cada uno de esos sueños que tienes y que piensas que son imposibles.

La felicidad solo está dentro de ti, por lo que, solo depende de ti el que seas feliz o no, tú tienes la elección de ser feliz o infeliz.

Así que, decide qué quieres en tu vida, y decide si eso te ayudará a que tu felicidad crezca o se estanque.

Por último, quiero recordarte que la búsqueda de ti mismo o de la felicidad, es un camino que se recorre solo, aunque tengas gente a tu alrededor que te apoye.

Porque es un camino hacia adentro de uno mismo, es la búsqueda de tu ser, de tu centro.

Por lo que, aunque haya muchos caminos y maestros que lo hayan conseguido, no quiere decir que tú también lo hagas.

El cambio es una transformación, es mudar la piel por otra, es dejar morir a quien eras para renacer siendo alguien nuevo, y esto causa mucho dolor, porque tienes que perder la identidad que hasta ahora habías construido.

Tienes que ser consciente de que llegarán momentos en los que quieras abandonar y tirar la toalla, pero también te digo que no es imposible y que lo puedes conseguir, siempre y cuando no te sientas a ti mismo para justificarte y seguir siendo la mentira que hasta ahora has sido.

El principio del cambio está en lo que vas haciendo con aquello que vas aprendiendo, poco a poco, el conocimiento no es el poder, aplicar lo que aprendes es lo que marca la diferencia.

Todo el mundo tiene un don innato, pero solo unos cuanto lo desarrollan y logran sueños grandes. Esto es porque las decisiones que toman no son las que los llevan a generar esa vida tan diferente y grande que sueñan.

Por último, te quiero hablar de mi tercer libro que va guiado a las relaciones de pareja y a cómo vibrar en aquello que quieres atraer a tu vida.

La Felicidad es tu Destino es un libro que habla de cómo crear tu propia historia de vida y de amor.

Para ello tienes que creer que tú eres el creador de tu destino, tu maestro, el que guía esa magia interior que te hace ser la mejor versión de ti mismo cada día. Si unes eso con la fe, puedes crear cualquier milagro en la vida.

Con el tercer libro te voy a enseñar a tener una nueva visión sobre el amor, para que tengas aquello que realmente te mereces. Lo he dejado para el final de mi trilogía porque antes hay que aprender a amarse, tanto o más, de lo que podemos amar a alguien, entonces llegará alguien que te ame tanto o más que tú.

Te mando un beso lleno de amor y de paz. Nos vemos en la páginas de **La Felicidad es tu Destino.**

Espero que mi libro te haya gustado tanto como me ha gustado a mí escribirlo. Lo escribí para que gente como tú sea capaz de creer que su sueño, al igual que el mío, se puede lograr, pero, sobre todo, espero que te haya ayudado a encender esa llama que está oculta en tu corazón y que está esperando a ser encendida.

Así que, te voy a pedir un favor. Hay que ayudar a que la gente crea que los sueños son posibles, que no hay nada en este mundo que no se pude cumplir, pero, sobre todo, que vean que la vida no va de lo que nos han dicho, sino de la capacidad que tenemos de soñar.

Comparte en las redes sociales lo que más te guste de mi libro y ayuda a que el mundo de otros sea mejor, nos sentimos bien cuando ayudamos a los demás.

Búscame en mis redes sociales o escríbeme a mi correo para saber qué te ha parecido mi libro, me encantará tener noticias tuyas.

juliethparejarios@gmail.com

Facebook: juliethparejarios

Instagram: juliethparejarios

Hace mucho tiempo que conozco las leyes universales, por lo que tengo claro que la abundancia viene dada del dar para recibir, siempre y cuando lo que des, lo des de corazón y no por obligación.

Hace ya un tiempo que colaboro con una fundación que me enamoró desde que la conocí porque está hecha desde el amor y el cariño de sus fundadores.

Si hay algo que me gusta en la vida es la gente humilde y sencilla y ellos lo son, la Fundación se llama **Ochotumbao.**

Toda la información sobre esta fundación la puedes encontrar en internet.

Es una fundación que se encarga de ayudar a diferentes causas valiosas y humanas, por lo que el 10% de los beneficios recaudados con las ventas de mi libro irán destinados a esta fundación.

Lain García Calvo

Ya te hablé de él en mi primer libro, pero te quiero contar algo más.

Cuando tenía doce años mi madre compró varios libros de metafísica.

Estos libros me enamoraron de pequeña, porque hablaban de hacer realidad sueños que a ojos de la sociedad parecían imposibles.

Yo he sido muy soñadora, pero aún así, para mí, fue muy complicado integrar cada uno de esos principios hasta que conocí a Lain y su libro *La Voz de tu Alma*.

Este libro está escrito de la forma más sencilla y práctica para que el lector lo entienda porque está escrito desde el amor y las ganas de poder ayudar a los demás.

También te quiero hablar del evento intensivo *Vuélvete imparable*. Un evento transformador que marca en tu vida un antes y un después, está hecho para la transformación de las personas, está lleno de una magia especial que no se puede explicar, hay que vivirlo.

Consigue la trilogía que te enseñará a tener más Fe y a utilizar esa energía interior para crear todo aquello que parece Imposible.

www.ingramcontent.com/pod-product-compliance
Lightning Source LLC
Chambersburg PA
CBHW022008160426
43197CB00007B/337